PREPARACIÓN AL DIPLOMA DE ESPAÑOL

Nivel C1

Rosa M.ª Pérez
Leonor Quintana

Usa este código para acceder al
BANCO DE RECURSOS
disponible en
ELE digital
www.anayaeledigital.es

edelsa

1.ª edición: 2019
4.ª impresión: 2022

Dirección y coordinación editorial: Departamento de Edición de Edelsa.
Diseño de cubierta: Departamento de Imagen de Edelsa.
Diseño y maquetación interior: Carolina García.

ISBN: 978-84-9081-698-1
Depósito legal: M-15527-2019

Impreso en España/*Printed in Spain*

Audio:
Locuciones y montaje sonoro: ALTA FRECUENCIA MADRID. Tel. 915195277, www.altafrecuencia.com
Voces: Juani Femenía, José Antonio Páramo, Ariel Tobillo, Octavio Eguiluz.
Las locuciones en las que aparecen personajes famosos son adaptaciones de entrevistas reales. Sin embargo, las voces son interpretadas por actores.

Nota:
La editorial Edelsa ha solicitado todos los permisos de reproducción correspondientes y da las gracias a quienes han prestado su colaboración.

ÍNDICE

⚠ Con el fin de familiarizarse con la estructura de este examen y dada su complejidad, se recomienda al estudiante leer atentamente las indicaciones que se dan en la sección de Pautas para los exámenes (pág. 126) y, quizá, comenzar por esta sección.

INFORMACIÓN GENERAL

Los Diplomas de Español como Lengua Extranjera (DELE) son títulos oficiales del Ministerio de Educación de España. La obtención de cualquiera de estos diplomas requiere superar una serie de pruebas.

El diploma DELE C1 garantiza que el progreso del estudiante en el idioma se ha producido con éxito y que posee un nivel más que avanzado de español. Además acredita la competencia lingüística para:

- Comprender una amplia variedad de textos extensos y con cierto nivel de exigencia y reconocer en ellos sentidos implícitos.
- Expresarse con fluidez y naturalidad (usando expresiones idiomáticas, modismo y frases hechas) sin apenas esfuerzo, en todo tipo de situaciones y ámbitos.
- Usar el idioma para fines sociales, académicos y profesionales de forma flexible y efectiva.
- Producir textos claros, bien estructurados y detallados sobre temas complejos, mostrando un uso correcto de los mecanismos de organización, articulación y cohesión del texto.

Se requiere la calificación de «apto» en cada uno de los grupos de pruebas en la misma convocatoria de examen.

Las pruebas:

Hay una hoja de respuestas para las pruebas 1, 2, 3 y 4 que se rellenan de la siguiente manera:

- Nombre y apellidos, centro de examen, ciudad y país donde te examinas (con bolígrafo).
- Las cuatro últimas cifras del código de inscripción (con lápiz del n.º 2). El código se pone 2 veces, una con número y otra sombreando las casillas (ver ejemplo).
- Tienes que marcar las respuestas del examen con lápiz del n.º 2.

¡ATENCIÓN!

FORMA DE MARCAR

CORRECTA

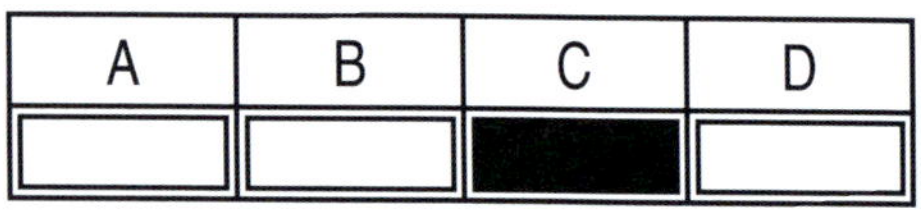

INCORRECTA

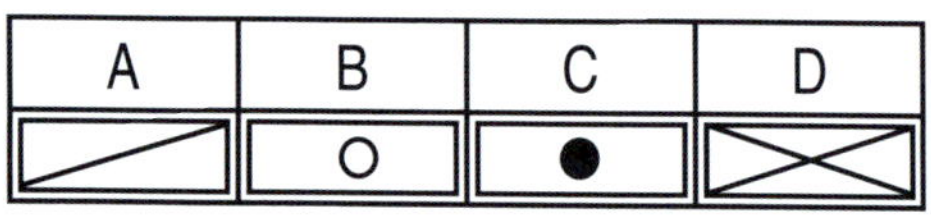

USE ÚNICAMENTE LÁPIZ DEL NÚMERO 2.

CORRIJA BORRANDO INTENSAMENTE.

INSTRUCCIONES GENERALES

Como candidato a este examen deberás:

- Presentarte a las pruebas con **tu pasaporte**, **carné de identidad**, **carné de conducir** o cualquier documento de identificación oficial.
- Llevar un **bolígrafo** o algo similar que escriba con tinta y un **lápiz del número 2**.
- Tener a mano las **cuatro últimas cifras del código de inscripción,** ya que tendrás que anotar estas cifras en cada hoja de respuestas.

El examen DELE C1 consta de **cuatro pruebas**, clasificadas en dos grupos: Grupo 1: Pruebas 1 y 3; Grupo 2 Pruebas 2 y 4.

CONTENIDO DE LAS PRUEBAS

PRUEBA N.º 1 Comprensión de lectura y uso de la lengua (90 minutos)

- Los textos de esta prueba pueden ser descriptivos, narrativos y de opinión pertenecientes a los ámbitos público, profesional y académico. Contienen vocabulario específico del tema que se está tratando.
- El tono general de los textos es culto y presenta características propias del lenguaje escrito. En ellos hay que identificar actitudes y opiniones tanto implícitas como explícitas.
- Pueden ser textos complejos cuya extensión no será superior a 800 palabras.
- La prueba consta de cinco tareas (ver descripción de cada tarea en págs.: 126-133).

PRUEBA N.º 2 Comprensión auditiva y uso de la lengua (50 minutos)

- Los textos de esta prueba son informativos, argumentativos, narrativos y conversacionales pertenecientes a los ámbitos público, profesional y académico.
- La comprensión puede referirse tanto a puntos principales como detalles específicos, deducir las implicaciones del interlocutor, intenciones, estados de ánimo, etc.
- Las grabaciones pueden ser conferencias, conversaciones entre dos o más interlocutores, o bien entrevistas o informes emitidos a través de los medios de comunicación. Las conversaciones son de carácter informal o transaccionales y en ellas hay que reconocer detalles específicos, sentimientos, actitudes e intenciones.
- Es frecuente que los textos contengan giros idiomáticos habituales.
- La extensión de los textos es media (entre 1 m 30 s y 4 minutos). Cada texto se escucha dos veces.
- La prueba consta de cuatro tareas (ver descripción de cada tarea en págs.: 134-137).

PRUEBA N.º 3 Destrezas integradas. C. auditiva y expresión e interacción escritas (80 minutos)

- En esta prueba hay que comprender los puntos principales de un texto oral perteneciente a los ámbitos público, profesional o académico. Después redactar un texto argumentativo o expositivo defendiendo o rebatiendo lo más clara y detalladamente posible las ideas del texto oral.
- El lenguaje tiene que adecuarse al tema, al tipo de texto y a la situación.
- La duración de la exposición no excede de los 4 minutos. La extensión de los textos es entre 220 y 250 palabras.
- La prueba consta de dos tareas (ver descripción de cada tarea en págs.:138-140).

PRUEBA N.º 4 Destrezas integradas. C. de lectura y expresión e interacción orales (20 minutos) (20 minutos de preparación)

- En esta prueba hay varias tareas: comprender la información fundamental y relevante de un texto escrito extenso y complejo a partir del cual hay que preparar un monólogo breve; participar en un debate formal con el entrevistador sobre lo que se ha dicho en el monólogo; conversar con el interlocutor intercambiando ideas, expresando opiniones, etc., hasta llegar a un acuerdo con él.
- Tienes que ser capaz de exponer, narrar, describir, discutir, opinar, reaccionar ante diferentes situaciones, etc., con una competencia próxima al hablante nativo. El discurso ha de ser fluido. La capacidad de intervención tiene que ser activa y la toma de iniciativa o turno de palabra tiene que asemejarse a la de un hablante nativo.
- El vocabulario tiene que ser preciso y apropiado al contexto, situación y tema con errores muy leves.
- Hay que ser coherente con las formas de tratamiento y ajustarse al tono de la conversación.
- La prueba consta de tres tareas (ver descripción de cada tarea en págs.:141-143).

Te recomendamos visitar la dirección oficial de los exámenes, *http://diplomas.cervantes.es,* donde encontrarás fechas y lugares de examen, precios de convocatorias, modelos de examen y demás información práctica y útil para que tengas una idea más clara y precisa de todo lo relacionado con los exámenes.

examen 1

EDUCACIÓN Y FORMACIÓN

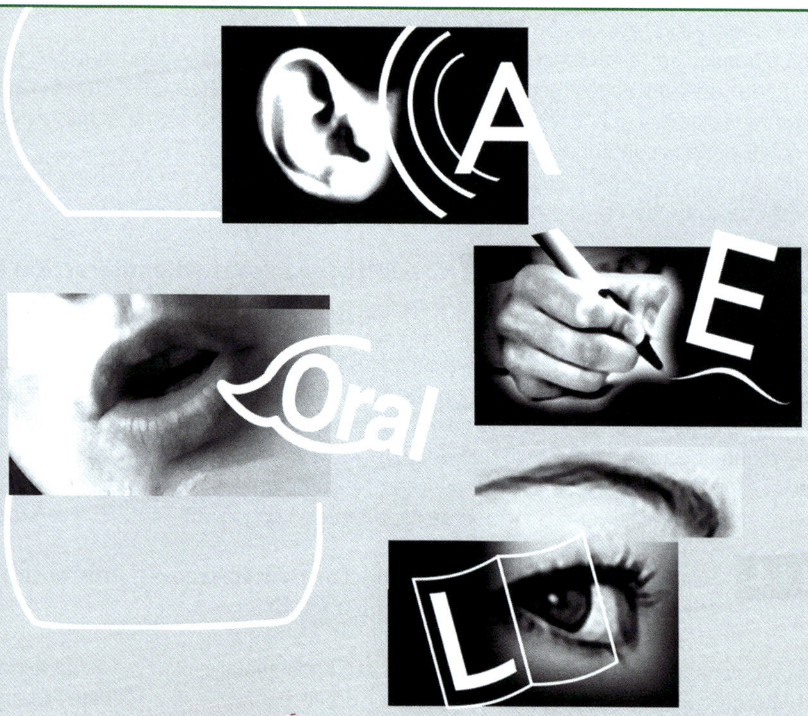

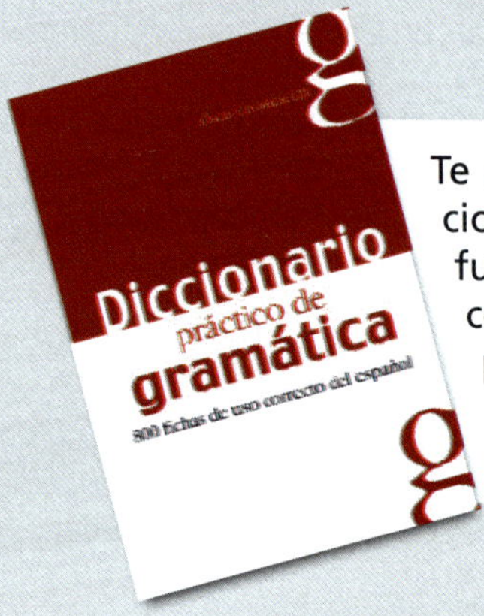

Te recomendamos este diccionario práctico para profundizar y consolidar tus conocimientos, así como para consultar dudas sobre la gramática y el uso correcto del español.

VOCABULARIO

LA UNIVERSIDAD

Cátedra (la) ....
Claustro de profesores (el) ....
Clase magistral (la) ....
Crédito (el) ....
Decanato (el) ....
Decano/a (el/la) ....
Doctorado (el) ....
Doctorando/a (el/la) ....
Grado (el) ....
Lector/-a (el/la) ....
Licenciatura (la) ....
Maestría (la) ....
Memoria (la) ....
Oposiciones (las) ....
Rector/-a (el/la) ....
Tesina (la) ....
Tribunal de examen (el) ....

LA EVALUACIÓN

Calificación (la) ....
Control (el) ....
Matrícula de honor (la) ....
Prueba acceso universidad (PAU) (la) ....
Rectificación (la) ....
Valoración (la) ....

EXPRESIONES

Calentarse la cabeza ....
Dormirse en los laureles ....
Estar chupado ....
Hacer *la pelota/la vista gorda* ....
Romperse la cabeza ....
Saber al dedillo ....
Ser *un fiera/un hacha* ....

VERBOS

Acreditar ....
Adecuarse a ....
Ajustarse a ....
Calificar ....
Clausurar ....
Constar de ....
Convalidar ....
Deducir ....
Denegar ....
Emitir un informe ....
Enumerar ....
Especificar ....
Estar constituido por ....

LA EDUCACIÓN

Adquisición de conocimientos (la) ....
Analfabetismo (el) ....
Año *lectivo/sabático* (el) ....
Centro acreditado (el) ....
Didáctica (la) ....
Disciplina (la) ....
Docente (el/la) ....
Educador/-a (el/la) ....
Enseñanza *presencial/a distancia/ (no) reglada* (la) ....
Escolarización (la) ....
Estrategia de aprendizaje (la) ....
Etapa *formativa/educativa* (la) ....
Expediente académico (el) ....
Formación continua (la) ....
Fracaso escolar (el) ....
Materia *troncal/optativa* (la) ....
Metodología (la) ....
Reforma educativa (la) ....

VARIOS

Archivador (el) ....
Campus virtual (el) ....
Cañón (el) ....
Charla (la) ....
Curso de reciclaje (el) ....
Dicho (el) ....
Empollón/-a (el/la) ....
Esbozo (el) ....
Folio (el) ....
Matrícula (la) ....
Novato/a (el/la) ....
Plantear una duda ....
Regla mnemotécnica (la) ....
Resguardo (el) ....
Taller (el) ....

VERBOS

Evaluar ....
Expedir ....
Exponer ....
Homologar ....
Impartir ....
Inaugurar ....
Optar ....
Otorgar ....
Razonar ....
Sacar el curso ....
Sintetizar ....
Verbalizar ....

PRUEBA 1 Comprensión de lectura y uso de la lengua

90 min Tiempo disponible para las 5 tareas.

TAREA 1

A continuación va a leer un texto sobre las academias. Elija la opción correcta, a), b) o c), para cada una de las preguntas, 1-6.

ACADEMIAS SIN TRAMPAS

Los cursos que se imparten en academias y centros de formación privados son enseñanzas no regladas, por lo tanto, los centros están obligados a informar de ello y no confundir a los ciudadanos mediante la publicidad en la que incluyan su oferta formativa. Del mismo modo deben evitar utilizar términos o denominaciones confusas. Por su parte, los estudiantes han de desconfiar de las academias que, en sus promociones, incluyan números de registro, autorizaciones o referencias a normativas de autoridades administrativas que induzcan a pensar que los estudios tienen algún reconocimiento oficial.

Una forma eficaz de evitar sorpresas o desacuerdos con la formación recibida es informarse de manera exhaustiva de todo lo concerniente al curso y al centro, que está obligado a exponerlo en un tablón de anuncios visible al público. Junto a estos datos identificativos de su titular debe figurar además información sobre la relación de cursos que se imparten, las condiciones de pago, el horario de atención y, si se reconoce derecho de desistimiento o si la empresa está adherida al sistema arbitral de consumo.

En relación a su oferta, las academias tienen el deber de facilitar folletos informativos que es conveniente conservar hasta la finalización del curso, ya que la información contenida en ellos, aunque no figure en el contrato, es vinculante si se quiere formular una reclamación. El folleto debe detallar lo siguiente:

1. Datos identificativos del centro y del titular del mismo.
2. Prestaciones pedagógicas o características de la enseñanza (debe constar que no es oficial).
3. Programa detallado del curso, con fechas de inicio y finalización, número de horas lectivas, horario y lugar donde se va a impartir y material necesario para su desarrollo.
4. Mínimo y máximo de alumnos por clase.
5. Titulación académica o cualificación profesional acreditada de los profesores.
6. Precio del curso: el coste de matrícula o inscripción y del material didáctico, el importe de cada mensualidad o periodo de facturación pactado. Debe incluirse además la forma de pago.
7. Datos de la compañía aseguradora o entidad financiera cuando la academia tenga concertado un seguro o aval para garantizar las cantidades anticipadas.
8. Especificar si hay derecho de desistimiento y los plazos y condiciones de este.

Consejos para los estudiantes:

1. No hay que atender únicamente a la publicidad del curso. Es mejor informarse previamente y con detalle sobre el contenido, las horas lectivas, el número máximo y mínimo de alumnos y la formación del profesorado. Si aún así no se está convencido de la calidad de la formación, se pueden valorar ofertas alternativas.
2. Los códigos éticos que deben respetar los asociados de algunas organizaciones, como la Confederación Española de Centros de Formación y Academias Privadas o la Federación Española de Centros de Enseñanza de Idiomas, son una garantía adicional para el estudiante. Es preferible buscar academias entre sus miembros.

3. Las condiciones de pago deben ser negociables. Para evitar posibles problemas en caso de que deje de impartirse el curso, conviene optar por una academia que permita el pago a plazos frente a otra que exija el pago previo de la totalidad del curso.
4. Cuando se opte por abonar el importe a través de una entidad bancaria, es conveniente valorar distintas opciones y estudiar las condiciones particulares de cada una para elegir la que más se adecue a los intereses del alumno.
5. El estudiante debe conservar una copia del contrato firmado y de todos los documentos, facturas o recibos vinculados a este.
6. En ocasiones, los contratos con el centro de formación se firman en un lugar diferente al propio centro, como puede ser el domicilio del alumno. Si es así, debe recibir el contrato y un documento de revocación que le permite finalizarlo en un plazo de siete días sin alegar causa alguna.
7. Si la publicidad o folleto del curso hace referencia a la realización de prácticas o la incorporación a una bolsa de empleo, hay que comprobar su veracidad y exigir información sobre los acuerdos con las empresas donde se realicen las prácticas o la actividad laboral.
8. Verificar si la convocatoria de oposición está vigente en los cursos destinados a la preparación de las mismas.

Adaptado de http://revista.consumer.es

PREGUNTAS

1. Las academias y centros privados de formación:

a) No deben publicitar todos los cursos que ofrecen para no confundir a los clientes.

b) No deben hacer creer que los cursos de enseñanza no reglada tienen reconocimiento oficial.

c) Han de incluir en sus folletos referencias a las normativas oficiales del sector.

2. Los folletos informativos de las academias:

a) Se deben preservar para poder reclamar en caso de que el centro incumpla lo prometido.

b) No tienen ninguna validez legal, ya que en caso de reclamación solo cuenta el contrato.

c) Han de estar expuestos al público en un tablón de anuncios o en un lugar visible.

3. Cualquier academia:

a) Ha de formar parte de alguna organización que tenga un código ético garantizado.

b) Tiene la obligación de reconocer el derecho de desistimiento en cualquier momento.

c) Está obligada a proporcionar información impresa suficiente a los estudiantes que lo soliciten.

4. A la hora de pagar hay que considerar que:

a) El precio dependerá de las circunstancias personales de cada alumno.

b) Para evitar problemas bancarios, al formalizar la matrícula hay que abonar la totalidad del curso.

c) El pago fraccionado evitará disgustos en caso de suspensión de un curso por cualquier motivo.

5. Si el contrato no se firma en el centro de formación:

a) Podrá anularse en una semana gracias al documento de revocación que se nos ha de facilitar.

b) No es necesario justificar causa alguna para darlo por finalizado en cualquier momento.

c) No tiene validez si se ha firmado en casa del alumno.

6. Siempre es aconsejable:

a) Conservar todas las facturas hasta que el curso finalice.

b) Optar por una financiación gestionada por la propia academia.

c) Buscar una entidad financiera que respete el código ético de las academias.

TAREA 2

A continuación va a leer un texto del que se han extraído seis fragmentos. Después, lea los siete fragmentos, a)-g), y decida en qué lugar del texto, 7-12, va cada uno. Hay un fragmento que no tiene que elegir.

NO HAY ALUMNOS IMPOSIBLES SI LA ESCUELA ES BUENA

Los educadores han cambiado de canción. Antes aseguraban que podían curar los males de la sociedad con un nuevo y revolucionario método de enseñanza. **7.** ________________ . Con sorprendente descaro, ahora echan la culpa a esos analfabetos del fracaso de la siguiente generación.

Durante décadas, los profesores intentaron impedir a los padres la entrada en el «jardín secreto» de la educación. **8.** ________________. Se dijo a los padres que no enseñaran el alfabeto a los niños, pues les causaría confusión y les quitaría la emoción del «descubrimiento»; que el aprendizaje de memoria era perjudicial para el espíritu humano; que no deberían revisar los deberes, porque no harían más que criticar las faltas de ortografía y echarían a perder la creatividad innata del niño; que no se inquietaran por los problemas del comportamiento. **9.** ________________. Tengan paciencia».

Ahora que el experimento ha fracasado, y cuando las reformas educativas del gobierno conservador presionan a las escuelas para que den resultados reales y cuantificables, los profesores vuelven la cara y acusan a los padres: «Todo es culpa suya», dicen, «por no educar bien a sus hijos, con lo que hacen muy difícil la labor del profesor».

Para comprobar que la situación socioeconómica no excusa el fracaso escolar, examinemos el contraste entre dos escuelas. Pennywell es una escuela de Sunderland, que está entre las de peores resultados de Gran Bretaña. Solo un 7% de los alumnos aprueban cinco o más asignaturas en los exámenes finales de secundaria, cuando la media nacional es del 45%. **10.** ________________. Además, casi el 70% de los alumnos provienen de familias que reciben subsidio estatal. Es la conocida letanía: los niños educados en los sesenta y setenta son analfabetos e incapaces de conseguir empleo, y crían niños a los que no se puede enseñar. Nada puede hacer la escuela.

Ahora tomemos la escuela en que yo doy clase. Está situada en uno de los distritos más pobres y violentos del país; casi el 70% de nuestros alumnos proceden de familias con subsidio estatal, y la semana pasada, enfrente de la escuela, hubo un asesinato más de los que cometen las bandas juveniles. Los alumnos aprenden a leer con un retraso medio de dos años. Hace cuatro años, solo el 8% lograba cinco aprobados en los exámenes finales de secundaria. En otras palabras, estábamos exactamente igual que Pennywell. Pero teníamos una directora nueva decidida a cambiar todo aquello. **11.** ________________. Al año siguiente, nuestra puntuación subió al 12%; después, al 18%; y ahora está en un muy respetable 33%. En Lengua, nuestros resultados están por encima de la media nacional.

Los padres de nuestros alumnos no han cambiado. Hemos cambiado nosotros. **12.** ________________. Las buenas escuelas son las que imponen su propio sistema de valores a los alumnos, con independencia de la situación de que vengan. Las clases a la antigua usanza funcionan: los niños sentados ordenadamente en filas, y ante un profesor con autoridad, saben que cualesquiera que sean las normas de comportamiento que imperan en casa, la escuela tiene sus propias exigencias, y la decisión de hacerlas cumplir.

Adaptado de www.esa.int/esa

FRAGMENTOS

a)

El director se empeña en que no es culpa de la escuela: «La mitad de sus alumnos», dice, «aprende a leer con dos o más años de retraso».

b)

Desarrollamos un nuevo programa de lectura; distribuimos a los alumnos en distintos grupos, según la capacidad; adoptamos un régimen coherente de disciplina, y pusimos más esfuerzo en preparar a los chicos para los exámenes.

c)

Las escuelas que echan la culpa de su fracaso a los padres seguirán fracasando, porque eluden sus responsabilidades.

d)

Stephan Shakespeare, profesor de escuela en Londres, critica a los educadores que eluden su responsabilidad y culpan del fracaso escolar a los padres.

e)

Fracasaron, y generaron un proletariado de analfabetos.

f)

Siempre que los padres manifestaban preocupación, se les respondía: «No se preocupen, al final todo se arreglará.

g)

El gran experimento igualitario, con su filosofía centrada en el niño, podría irse a pique por la interferencia de los padres, aferrados a sus trasnochadas ideas sobre la disciplina y la enseñanza de la lectura, la escritura y la aritmética.

TAREA 3

A continuación va a leer un texto sobre los idiomas por teléfono. Después, elija la opción correcta, a), b) o c), para las preguntas, 13-18.

PRACTICAR IDIOMAS POR TELÉFONO

«Sé inglés, pero me da vergüenza hablarlo». Esta frase, que bien puede aplicarse al francés, alemán o cualquier otra lengua, es frecuente entre los estudiantes de un idioma extranjero. El miedo a «quedarse en blanco» o a no encontrar la expresión correcta provoca que, a pesar de tener una buena base de gramática y vocabulario, sean incapaces de enfrentarse a una conversación con un interlocutor. Una entrevista de trabajo, una reunión de negocios o una multiconferencia en otra lengua exigen un nivel de fluidez verbal que solo es posible adquirir con la práctica. Es por eso que en los últimos años, las clases de idiomas por teléfono se han sumado a la oferta de enseñanza de lengua extranjera para proporcionar a los estudiantes una nueva vía de aprendizaje cuyo fin es mejorar e incrementar sus competencias en lo que se refiere a expresión y comprensión orales.

La metodología de este tipo de clases consiste en sesiones telefónicas que duran entre 20 y 30 minutos. Durante este tiempo, profesor y alumno mantienen una conversación guiada por el docente, que versa sobre la temática pactada de forma previa con el estudiante en función de sus intereses o necesidades. Las clases se adaptan al nivel de expresión oral de este último y se estructuran para que alcance un progreso significativo a medida que se avanza en las sesiones. Simulación de actividades de negocios, reuniones, entrevistas, presentaciones de un producto o viajes son algunas de las situaciones que sirven para practicar por teléfono, con la ventaja de que el interlocutor (profesor) estará pendiente de corregir los errores que se cometan, así como de solventar las dudas o preguntas que surjan en el transcurso de la conversación. Tras la clase, el docente envía al estudiante una evaluación personal de su desarrollo, en la que incide en los aspectos que se deben mejorar o reforzar para la siguiente sesión.

Este método didáctico destaca por la eficacia del aprendizaje, ya que, al desarrollar las sesiones de esta forma y en el ambiente elegido por el alumno, se evitan las habituales distracciones que se dan en las clases convencionales. Por otro lado, el teléfono garantiza la máxima capacidad de atención por parte del estudiante, le permite una mayor concentración y una memorización gradual y óptima. Hay que tener en cuenta, también, que son los alumnos quienes deciden el día y la hora a la que quieren recibir la llamada, con lo cual se eliminan los inconvenientes de los desplazamientos o los horarios restringidos de algunas clases tradicionales. «La ventaja de este método es que se puede realizar donde el alumno quiera o pueda. Hemos tenido desde un estudiante que continuó el curso mientras estaba hospitalizado hasta una alumna que en el mismo viaje de novios sacaba tiempo para clase», apunta un profesor que imparte clases de chino por teléfono.

Algunas academias de idiomas tradicionales han sumado este tipo de cursos a su oferta como una actividad complementaria a disposición de sus clientes, otras han surgido como especialistas en esta metodología diseñando y desarrollando sus propios métodos de conversación guiada tanto por teléfono como por Skype.

La oferta horaria de este tipo de clases abarca desde las seis de la mañana hasta las diez de la noche y hay programas especiales de preparación de entrevistas de trabajo o presentaciones. Los precios de cada sesión oscilan entre 7 euros (sesión de 20 minutos) y 10 euros (sesión de 30 minutos).

La flexibilidad de horarios y la adaptación a las necesidades de cada alumno son algunas de las ventajas que brindan estas clases, una alternativa eficaz para enfrentarse sin miedo a una conversación en otra lengua.

Pocas excusas quedan ya para decir *no* al aprendizaje de un idioma.

Adaptado de www.consumer.es

PREGUNTAS

13. Según el texto, la práctica de un idioma:
- **a)** Exige cierta facilidad de expresión por parte del estudiante.
- **b)** Es necesaria para llegar a tener facilidad y naturalidad al hablar.
- **c)** Es la única manera de obtener una buena base gramatical.

14. Según el autor, el temor a no poder expresarse adecuadamente:
- **a)** Hace que muchos rechacen las clases por teléfono.
- **b)** Suele superarse con la práctica continuada del idioma.
- **c)** Es debido a una deficiente base de gramática y de vocabulario.

15. El texto dice que durante el desarrollo de la sesión, el profesor:
- **a)** Se expresa como cualquier nativo, independientemente del nivel del alumno.
- **b)** Evalúa y controla las equivocaciones que pueda cometer el alumno.
- **c)** Aclara además las dudas que pueda tener el alumno.

16. Según el texto, los temas tratados durante las sesiones:
- **a)** Se deciden de común acuerdo según los intereses del alumno.
- **b)** Están relacionados con entrevistas de trabajo y el mundo profesional.
- **c)** Se deciden en función del progreso y fluidez del estudiante.

17. El autor afirma que una de las cosas positivas de este sistema es que:
- **a)** El alumno puede concentrarse mejor.
- **b)** No se necesitan programar las clases por adelantado.
- **c)** Versa sobre los intereses reales del docente.

18. El texto dice que las clases por teléfono:
- **a)** Duran desde las 6 de la mañana hasta las 10 de la noche.
- **b)** Se ofrecen solo como ayuda extra para quienes asistan a las clases presenciales.
- **c)** Suelen tener una duración en torno a la media hora.

TAREA 4

A continuación va a leer varias reseñas de películas con tema educativo. Elija el texto, a)-f), que corresponde a cada enunciado, 19-26. Hay textos que deben ser elegidos más de una vez.

a) *El club de los poetas muertos*

Existen pocas películas que hayan conseguido llegar hasta el público tanto como esta impresionante y profunda creación dirigida por el australiano Peter Weir. La academia Welton, un internado privado muy tradicional situado en las montañas de Vermont, va a comenzar el año lectivo con un nuevo profesor de Literatura, John Keating (Robin Williams), quien con métodos bastante heterodoxos logrará poco a poco que sus alumnos comiencen a pensar por sí mismos y les descubrirá que cada uno tiene en sus manos hacer de su vida algo extraordinario. Su arriesgada propuesta es recibida de distinta manera por unos adolescentes todavía inmaduros e idealistas y, aunque todo desemboca en tragedia, ninguno de ellos podrá olvidar jamás al profesor que les cambió para siempre. La música de Maurice Jarre no tiene desperdicio.

b) *Diarios de la calle*

Erin Gruwell es una joven, recién licenciada, que se siente muy orgullosa de su padre, un liberal que luchó en su época por los derechos civiles. Deseosa de estar a la altura de su progenitor, consigue trabajo en el conflictivo Instituto Wilson, de Long Beach, donde los experimentos de integración racial en las aulas en las que conviven adolescentes de todas las razas no parecen estar dando los resultados deseados. La protagonista aparece ante todos los que le rodean -la directora del departamento Margaret, los otros profesores, su marido, su padre, sus alumnos- como alguien ingenuo que en poco tiempo descubrirá la crueldad de la vida y que sus buenos deseos no bastan para ayudar. Sin embargo, no se rinde sino que sigue esforzándose por ganarse a sus alumnos. Y a partir de la caricatura que un chico ha pintado de otro compañero, empezará la larga ascensión para obtener la confianza de sus alumnos.

c) *Rebelión en las aulas*

Al instituto de East End llega un ingeniero sin trabajo que acepta un empleo como profesor de un grupo de estudiantes bastante conflictivos de la periferia de Londres. Al principio intenta ganarse su confianza utilizando los métodos tradicionales, pero fracasa tan estrepitosamente que no tendrá más remedio que recurrir a otras fórmulas. La manera de educar del profesor Thackeray, sus valores y su trato con esta juventud de los años 60, modificará la conducta de los muchachos, unos jóvenes insolentes y groseros que, en el fondo, no tienen malos sentimientos.

Magnífica película de James Clavell que juega también con el elemento racial al colocar a un hombre de color en el ingrato papel de profesor. Un perfecto Sidney Poitier clavó el personaje. James Clavell se atrevió a repetir con él en otra película en 1996.

d) *Cadena de favores*

Comienza el curso y el nuevo profe de Sociales propone a sus alumnos un trabajo: «Piensa una idea para hacer del mundo un sitio mejor». A Trevor, un chaval muy espabilado, se le ocurre un curioso sistema: hacer favores incluso antes de que te los hagan a ti. Es decir: no devolver favores, sino pagarlos por adelantado, y no necesariamente a quien te lo hizo a ti, y así hasta el infinito y más allá. Que nadie piense, por el argumento, que esta peli es una cursilada. Mimi Leder dirige un drama sensible con tres espléndidos actores que dan lo mejor de sí. La exploración del dolor que ocasiona el matrimonio roto de los padres de Trevor y la creación de un profesor nada estereotipado que va como derrotado por la vida justifican sobradamente el visionado de este filme.

e) *Mentes peligrosas*

Una inexperta licenciada en Literatura y antigua marine, Lou Anne (Michelle Pfeiffer), acaba de sufrir una crisis matrimonial que ha desembocado en divorcio. Con la intención de olvidar ese amargo trago, concentra todos sus esfuerzos en dar clases en el colegio donde es contratada. La sorpresa de encontrar trabajo enseguida se explica por los alumnos que le han tocado: un grupo de chicos difíciles, cada uno de los cuales es un problema social en sí mismo. Son chicos inteligentes de baja extracción social, poco disciplinados y nada motivados. Pero, aunque la tarea es difícil y la rigidez de la dirección del centro no ayuda, ella intentará que los chicos lleguen a graduarse.

El filme se enmarca en la tradición de películas con profesor que se enfrenta a alumnos difíciles. El educador debe ingeniárselas para inventar métodos capaces de atraer la atención de sus pupilos. Lou Anne centra sus enseñanzas en la noción de elección, omnipresente en la película: la vida está llena de opciones y, en la medida que se elige, uno va haciéndose mejor o peor.

f) *Música del corazón*

El mundo de Roberta Guaspari se hizo pedazos cuando su marido la abandonó con sus dos hijos pequeños. Como muchas mujeres, Roberta había sacrificado su carrera porque no era compatible con la de su marido y ahora se encuentra sola y en una precaria situación. Ante estas circunstancias, se propone recuperar sus viejos conocimientos de música y su colección de violines con el objetivo de ofrecerse a dar clases en un instituto. Luchando contra viento y marea, consigue crear un sólido programa de violín en su instituto de Harlem que ilusiona a un montón de chavales que nunca habrían podido soñar con tocar el citado instrumento. La película se inspira en hechos reales y en *Small Wonders*, documental nominado al Óscar. La música es estupenda, e incluye una canción de Gloria Estefan, que interpreta también un pequeño papel. Meryl Streep, la mejor actriz del momento pese a quien pese, borda su interpretación. ¡Hasta aprendió a tocar el violín!

Adaptado de www.decine21.com

ENUNCIADOS

19. El proyecto de la protagonista abre a sus estudiantes un mundo en el que nunca antes habían pensado.	a)	b)	c)	d)	e)	f)
20. En esta historia, el profesor no se presenta con el aire de un triunfador en la vida como es lo habitual.	a)	b)	c)	d)	e)	f)
21. Muchas películas reflejan la situación multicultural de la sociedad, pero esta marcó un hito al presentar a un protagonista de color.	a)	b)	c)	d)	e)	f)
22. El sufrimiento de los hijos tras el divorcio de sus padres queda patente en esta producción.	a)	b)	c)	d)	e)	f)
23. Conseguir emular a su padre es un incentivo vital para el personaje central de esta historia.	a)	b)	c)	d)	e)	f)
24. Esta película, sin final feliz, ha conseguido emocionar al público como pocas.	a)	b)	c)	d)	e)	f)
25. La idea central del filme es la posibilidad de elegir y ser lo que somos en función de nuestras elecciones.	a)	b)	c)	d)	e)	f)
26. Una conocida cantante aparece en este filme.	a)	b)	c)	d)	e)	f)

TAREA 5

A continuación va a leer un texto sobre la Informática Humanística. Elija la opción correcta, a), b) o c), para completar los huecos, 27-40.

La Informática Humanística: una disciplina del s. XXI

Un artículo publicado en la revista *Incipit* (n.º XXIII) titulado *La Informática Humanística: notas volanderas desde el ámbito hispánico* ____27____ tanto de la fascinación sobre esta nueva disciplina científica como del lamento por su escasa presencia en suelo hispánico ____28____ lo que estaba sucediendo en otros países europeos, especialmente en Italia. Cinco años después, las distancias y abismos abiertos por aquel ____29____ entre nosotros y el mundo anglosajón (mucho más avanzado en el tema) y la experiencia de otros países europeos ____30____ casi insalvables. Y aún lo serán más si no ponemos ____31____ en estos momentos de cambio y transformación de nuestros sistemas educativos.

La Informática Humanística, como disciplina docente, nace de una necesidad, de la presencia cada vez más habitual, tanto en nuestra vida cotidiana como profesional, de las tecnologías de la información y de la comunicación (TIC) que van ____32____, poco a poco, nuestros modos de aprendizaje, de conocimiento, de difusión, de acceso a la información, de creación, de investigación, etc.

Gracias a la Informática Humanística el alumno no ____33____ un abismo entre sus modos de conocimiento y expresión habituales y aquello que le enseñan en la universidad. Por otro lado, le puede acercar al mercado laboral donde las herramientas informáticas están abriendo nuevas posibilidades de trabajo. Nuevos campos de estudio y de investigación surgen día ____34____ día a nuestro alrededor. Tanto los filólogos de antes –en el nuevo sistema universitario parece que el nombre de *Filología* está ____35____ (lo que no sucede en Italia y en otros países europeos)- como también los que nos dedicamos a conocer y editar los textos medievales tenemos ahora en la informática un aliado. Pero si no conseguimos ____36____ estos dos campos, el de la Filología y el de la Informática, el de las nuevas herramientas y medios de transmisión que se ponen en nuestras manos, difícilmente saldremos de los ____37____ de la resignación, de esta sensación de impotencia que parece que se ha apoderado de los estudios humanísticos que terminará sepultándonos bajo la arena de una tormenta de silencio, condenándonos a más de cien años de soledad. Está en nuestra mano que el futuro no ____38____ con tonos tan trágicos, tan negros.

Las redes de recursos y la posibilidad de crear estándares para poder compartir la información digital que se ha generado en los diferentes proyectos deben ser dos de ____39____ de trabajo de los próximos años, si queremos poder mirar cara a cara a los grandes centros de investigación del resto del mundo.

La Informática Humanística puede ser el campo en el que tanto la investigación como los estudios medievales adquieran nuevas perspectivas y posibilidades para el futuro. Pero si los portales con materiales y textos medievales se hacen al margen de los humanistas especialistas en los temas, estamos abocados _____**40**_____ seguir padeciendo cementerios de datos, en que la cantidad se convierte en un canto de sirenas que nos embruja, pero que nos aleja del conocimiento. Está en nuestra mano, en la de los estudiosos de los textos medievales, el que esta situación cambie, en abrirnos a nuevos campos que, quizá, permitan que nuestros estudios e investigación continúen a la vanguardia de los estudios humanísticos, como lo ha sido durante los siglos XXI y XX. Y la Informática Humanística es, sin duda, una de las puertas que se nos ha abierto en el siglo XXI.

Adaptado de www.eprints.ucm.es

Opciones

27.	**a)** hacía cuenta	**b)** me daba cuenta	**c)** daba cuenta
28.	**a)** frente a	**b)** enfrente de	**c)** al frente de
29.	**a)** entonces	**b)** época	**c)** quinquenio
30.	**a)** se hicieron	**b)** se han hecho	**c)** se hiciesen
31.	**a)** escarmiento	**b)** medio	**c)** remedio
32.	**a)** rebelando	**b)** revolucionando	**c)** revolviendo
33.	**a)** había encontrado	**b)** encuentre	**c)** encontrará
34.	**a)** sobre	**b)** en	**c)** a
35.	**a)** expulsado	**b)** vetado	**c)** marchado
36.	**a)** anudar	**b)** aunar	**c)** amalgamar
37.	**a)** susurros	**b)** aullidos	**c)** lamentos
38.	**a)** se pinte	**b)** se pintara	**c)** se pintará
39.	**a)** los motores	**b)** las maquinarias	**c)** las bovinas
40.	**a)** en	**b)** a	**c)** hasta

Anote el tiempo que ha tardado:

Recuerde que solo dispone de **90 minutos**

PRUEBA 2 Comprensión auditiva y uso de la lengua

50 min Tiempo disponible para las 4 tareas.

TAREA 1

CD I Pista 1

A continuación escuchará una conferencia sobre la importancia de los idiomas en el ámbito empresarial en la que se tomaron las siguientes anotaciones. La oirá dos veces. Después, elija para cada anotación, 1-6, la palabra o fragmento correspondiente entre las doce opciones, a)-l), que se le ofrecen.

ANOTACIONES

1. El desarrollo tecnológico de __________ y de comunicación es lo que determina el actual modelo social y económico.
2. Recibir __________ de una fábrica no significa que allí se hayan realizado todas las fases de su producción.
3. La diversidad de países implicados en la fabricación y comercialización de un producto evidencia la necesidad de saber idiomas para garantizar __________ de la competitividad de las empresas.
4. Los certificados de idiomas que acompañan a __________ suelen ser muy valorados por los departamentos de RR. HH.
5. Para adquirir conocimientos más profundos de __________, los idiomas son imprescindibles.
6. Para una mejor integración de los inmigrantes es fundamental que haya personas con __________ de los idiomas que hablan.

a) cualquier materia
b) avance tecnológico
c) la globalización
d) la mejora
e) nuevos retos
f) la salud
g) engranaje empresarial
h) conocimientos
i) un producto acabado
j) los currículum vítae
k) los sistemas de información
l) el primer paso

TAREA 2

CD I Pista 2

A continuación escuchará cuatro conversaciones. Oirá cada una dos veces. Después, seleccione la opción correcta, a), b) o c), para cada pregunta, 7-14.

PREGUNTAS

CONVERSACIÓN 1

7. Según la abuela, el niño no debería ir todavía al colegio porque:
a) Ella puede cuidarlo y quiere estar con él por las mañanas.
b) A esa edad no aprenden nada y luego hay mucho fracaso escolar.
c) Los padres son los únicos responsables de su educación.

8. El padre cree que la escolarización temprana es positiva porque:
a) Contribuye al desarrollo emocional de los niños.
b) Permite que las madres sigan con su carrera profesional.
c) El contacto con otros niños les ayuda a aprender antes a leer y a escribir.

CONVERSACIÓN 2

9. La mujer:

a) Busca una novela de terror interesante.
b) No sabe bien qué libro quiere comprar.
c) No compra la obra de Lorca porque son muchos volúmenes.

10. El hombre:

a) Le aconseja una novela que tuvo mucho éxito.
b) Le recomienda una novela que acaba de leer.
c) Le dice que tiene un mes si necesita devolver el libro.

CONVERSACIÓN 3

11. Según el hombre:

a) Es frecuente que los jóvenes no sepan qué estudiar.
b) El test solo se puede hacer a través de la plataforma que ofrecen.
c) Antes de realizar el test hay que pasar una entrevista personal.

12. En relación al test, la mujer:

a) Está decidida a que su hija lo haga en las instalaciones de la consultoría.
b) No parece muy convencida al saber que se realiza por Internet.
c) Piensa que el lugar donde se realice es un detalle sin importancia.

CONVERSACIÓN 4

13. La funcionaria que atiende al señor dice que:

a) Se pueden cursar dos carreras diferentes el primer año.
b) Solo si ha aprobado íntegro el primer curso, puede simultanear estudios.
c) La matrícula de una segunda carrera es gratuita.

14. Hay que abonar la matrícula:

a) Antes de hacer el seguro médico.
b) En la secretaría de la facultad donde se va a estudiar.
c) En una oficina bancaria y llevar el justificante de pago.

CD I
Pista 3

TAREA 3

A continuación escuchará una entrevista sobre la presencia de las TIC en la universidad. La oirá dos veces. Después, seleccione la opción correcta, a), b) o c), para cada pregunta, 15-20.

PREGUNTAS

15. La mayoría de los docentes universitarios:

a) Continúa haciendo poco uso de las herramientas virtuales.
b) Tiene un *blog* personal.
c) Emplea con frecuencia Facebook con fines didácticos.

16. En las universidades españolas, los campus virtuales:

a) No se utilizan debido a la poca formación de los docentes.
b) Se usan cada vez con más frecuencia.
c) Sirven solo para colgar vídeos o documentos de texto.

17. La nueva interfaz de la UAM plantea problemas:

a) Debido a la ansiedad y falta de tiempo de los docentes.
b) A causa de la gran cantidad de información que contiene.
c) Por el mero hecho de encontrarnos en una época de transición digital.

18. El uso de las TIC:
- **a)** Produce un entusiasmo creciente entre los profesores.
- **b)** Facilita en gran medida la labor al docente universitario.
- **c)** Exige más tiempo de dedicación a los docentes.

19. Para competir con los medios de masas, los profesores necesitan:
- **a)** Grandes pizarras.
- **b)** Cursos digitales interactivos.
- **c)** Pantallas de grandes dimensiones.

20. La mayor dificultad del empleo de las TIC en clase es:
- **a)** La heterogeneidad de los niveles.
- **b)** La escasez de medios.
- **c)** La falta de motivación.

CD I
Pista 4

TAREA 4

Usted va a escuchar diez breves diálogos. Escuchará cada uno dos veces. Después, seleccione la opción correcta, a), b) o c), para cada pregunta, 21-30.

DIÁLOGO 1

21. Luisa le contesta a su amiga que:
- **a)** La prueba le había costado mucho.
- **b)** No supo qué escribir.
- **c)** Prefiere no hablar del tema.

DIÁLOGO 2

22. A la pregunta de Pepe, Alberto responde que:
- **a)** Había estudiado mucho.
- **b)** No había podido estudiar.
- **c)** No quiere decirle la verdad.

DIÁLOGO 3

23. Marina responde que el examen:
- **a)** Era muy difícil.
- **b)** Tenía preguntas ambiguas.
- **c)** Le resultó muy fácil.

DIÁLOGO 4

24. Aquel día el profesor dijo en clase que:
- **a)** Debían seguir trabajando.
- **b)** No habían obtenido un buen resultado.
- **c)** No estaba satisfecho con los resultados.

DIÁLOGO 5

25. En relación con su nota de Física, Rocío:
- **a)** Está disgustada.
- **b)** No está de acuerdo.
- **c)** Se muestra muy contenta.

DIÁLOGO 6

26. Sobre la nota de Gema las que hablan están:
- **a)** Contrariadas.
- **b)** Sorprendidas.
- **c)** Exultantes.

DIÁLOGO 7

27. Fermín opina que el profesor es:
- **a)** Tolerante.
- **b)** Demasiado severo.
- **c)** Bastante meticuloso.

DIÁLOGO 8

28. El sentimiento hacia la clase de Miguel es de:
- **a)** Solidaridad.
- **b)** Satisfacción.
- **c)** Enfado.

DIÁLOGO 9

29. Bea opina que el profesor es:
- **a)** Influenciable.
- **b)** Honrado.
- **c)** Imparcial.

DIÁLOGO 10

30. Neus, en clase, está:
- **a)** Concentrada.
- **b)** Distraída.
- **c)** Participativa.

Anote el tiempo que ha tardado:

Recuerde que solo dispone de **50 minutos**

PRUEBA 3 C. auditiva y expresión e interacción escritas

80 min Tiempo disponible para las 2 tareas.

CD I Pista 5

TAREA 1

A continuación escuchará la primera parte de una conferencia sobre la educación desde la diferencia. La escuchará dos veces. Después, redacte una argumentación (220-250 palabras) con los puntos principales y exprese de forma justificada su punto de vista. Durante la audición puede tomar notas.

TAREA 2

Elija una de las siguientes opciones y redacte un texto formal (220-250 palabras) según las indicaciones que se le dan en cada opción.

Opción 1

Usted quiere realizar un doctorado en España y ha leído el siguiente anuncio en la página web de la UNED.

La UNED le ofrece la posibilidad de matricularse en sus nuevos programas de doctorado actualizados y adaptados al Espacio Europeo de Educación Superior:

Programas:
- Tratamiento educativo de la diversidad en el marco de la Unión Europea.
- Innovación e investigación en didáctica.
- Investigación, organización e innovación de las instituciones educativas.
- Historia de la educación y educación comparada.
- Teoría de la educación y pedagogía social.
- Comunicación y educación en entornos digitales.

Los estudiantes que deseen realizar estudios de doctorado deben:
- Solicitar la admisión en un programa concreto según titulación y estudios realizados.
- Justificar su elección según sus objetivos personales.
- Cumplir los requisitos para el acceso y admisión al programa.

Escriba una carta de solicitud para uno de los programas del anuncio siguiendo las pautas indicadas en el mismo.

Opción 2

Usted es estudiante universitario y quiere proponer a unos compañeros la creación de una revista. Prepare un informe previo a la reunión en el que debe:
- Describir el tipo de revista.
- Explicar las diferentes secciones que tendría.
- Describir brevemente el formato y diseño.
- Enumerar las ventajas que la revista aportaría a su currículum.
- Proponer posibles soluciones a los inconvenientes que pudiera tener.

Anote el tiempo que ha tardado:

Recuerde que solo dispone de **80 minutos**

PRUEBA 4 C. de lectura y expresión e interacción orales

20 min Tiempo disponible para las 3 tareas.

20 min Tiempo de preparación.

TAREA 1

Usted debe hacer una presentación oral (3-5 minutos) sobre el siguiente texto. Su exposición debe incluir los siguientes puntos:

- *Tema central.*
- *Ideas principales y secundarias.*
- *Comentario sobre ideas principales.*
- *Intención del autor si procede.*

Puede tomar notas y consultarlas, pero no puede hacer una lectura de las mismas.

Arranca el mayor compromiso educativo latinoamericano

En mitad de un conflicto abierto desde hace tiempo entre los alumnos de secundaria (que reclaman las mejoras y el mantenimiento que consideran que merecen los edificios donde estudian) y las autoridades locales, la ciudad de Buenos Aires ha recibido a los ministros de educación iberoamericanos cuyo objetivo es aprobar -los jefes de Gobierno lo harán el próximo diciembre- el documento final de las Metas Educativas 2021, un compromiso para movilizar durante la próxima década los 104 000 millones de dólares (alrededor de 78 000 millones de euros) que hacen falta para acabar con los enormes retrasos educativos que arrastra la zona con más desigualdades del planeta.

Se trata, probablemente, de un hito en la educación iberoamericana, entre otras cosas, por lo que supone de proyecto común de toda la región. Sin embargo, en un momento así es inevitable pensar en todas las promesas que se quedaron en nada o en mucho menos de lo que se pretendía: terminar con el analfabetismo que afecta aún a 32 millones de personas (la población de América del Sur y el Caribe ronda los 600 millones de habitantes), escolarizar a los 15 millones de chavales de tres a seis años que no lo están, mejorar la calidad de la enseñanza y apoyar a los sectores más desfavorecidos para que los más jóvenes estudien más tiempo, alcancen la universidad o accedan a unos sistemas fuertes de formación profesional. Y, al mismo tiempo, reforzar la inversión en I+D para poder competir en la sociedad del conocimiento.

Sobre las metas, las dificultades salvadas y las que quedan por delante, se discutirá los próximos tres días en Buenos Aires en el Congreso Iberoamericano de Educación, en el que participarán más de 3 000 personas.

De momento, lo que ya está hecho, el texto final de las metas educativas, es, según dice el especialista chileno José Joaquín Brunner, «el documento más interesante y mejor desde el punto de vista del análisis y las recomendaciones que se ha producido en Iberoamérica sobre educación».

Durante más de dos años de trabajo, la OEI (Organización de Estados Iberoamericanos) ha diseñado, junto a la Secretaría General Iberoamericana y los países de la región, once metas generales que se concretan en veintisiete metas específicas y en treinta y ocho indicadores de seguimiento (por ejemplo, que en 2021 todos los niños de tres a seis años estén escolarizados o que el 90% termine primaria y entre el 60% y el 90%, secundaria) y diez programas de acción compartida que intentarán hacer en cada país partícipe del proyecto común (entre otros, para apoyar y asesorar en la mejora de la atención a la primera infancia o la calidad de la educación).

Después, la Comisión Económica para América Latina y el Caribe (CEPAL) de la ONU calculó los costes de todo ello y más tarde cada país los ha ajustado a su realidad y posibilidades (la idea fue en todo momento hacer compatible el plan con la diversidad de los países de la zona). Así, los 104 000 millones de dólares saldrán de un esfuerzo presupuestario sostenido y de un fondo solidario de unos 5 000 millones de dólares (unos 3 900 millones de euros) para ayudar a los países con más dificultades como la República Dominicana, Nicaragua, Guatemala, Salvador, Honduras y Paraguay a conseguir los objetivos. Ese fondo se establecerá con el dinero que aportarán los gobiernos iberoamericanos con mayor desarrollo (unos 940 millones de euros); empresas y fundaciones, y agencias europeas de cooperación, organismos internacionales, cooperación americana y donaciones diversas. Además, el Banco Interamericano del Desarrollo (BID) ha incluido las metas en sus objetivos estratégicos, explica la OEI, que está intentando que haga lo mismo el Banco Mundial.

Del resto de países a algunos, como a Argentina, les basta mantener el esfuerzo presupuestario actual, es decir, aplicar a la educación el aumento del producto interior bruto (PIB) para conseguir las metas propuestas. Y otros, como Brasil, México, Colombia o Perú, necesitarán incrementar el 0,1% anual del PIB durante más tiempo. De hecho, Brasil ha aumentado los compromisos presupuestarios sobre los que calculó la CEPAL. En los próximos meses se irán publicando los documentos de planificación de cada país. Para hacer el seguimiento de los avances, se constituirá un Instituto de Seguimiento y Evaluación de las Metas Educativas que deberá redactar un informe anual sobre los progresos y obstáculos de los objetivos; y un Consejo Asesor de la Educación Iberoamericana en el que participarán representantes de todos los países y sectores educativos.

Adaptado de www.elpais.com

NOTAS

TAREA 2

Usted debe mantener una conversación con el entrevistador (4-6 minutos) sobre el tema del texto de la Tarea 1. En la conversación debe:
- *Dar su opinión personal sobre el tema.*
- *Justificar su opinión con argumentos.*
- *Rebatir, si procede, las opiniones de su interlocutor.*

MODELO DE CONVERSACIÓN

1. Opinión del candidato y justificación.

¿Cuál es su opinión respecto a este tema? ¿Podría comentarla?

2. Turnos de intervención candidato-examinador.

Ejemplos de intervención del examinador:

- ¿Quién es, en su opinión, el máximo responsable de la educación de los ciudadanos?
- ¿Piensa que es necesario escolarizar a los niños a la edad de tres años? ¿No estarían mejor al cuidado de sus padres?
- ¿Qué cree que se podría hacer para acabar con el analfabetismo?
- ¿Qué consideración merece en su país la formación profesional?
- ¿Piensa que todos deben aspirar a realizar estudios universitarios? ¿No estará restando calidad a la enseñanza la masificación en las aulas universitarias?
- ¿No puede resultar problemática la implicación de empresas e instituciones no gubernamentales en proyectos educativos?

TAREA 3

Usted es el redactor de la revista de su escuela y debe elegir la foto para la portada del próximo número teniendo en cuenta que:

- *Represente el espíritu de la escuela.*
- *Sea divertida.*
- *Enganche a un público juvenil.*
- *Sea original.*

Aquí tiene las cuatro fotos. ¿Cuál debería ser la elegida? Discuta su elección con el entrevistador (4-6 minutos) hasta llegar a un acuerdo. Recuerde que puede interrumpir a su interlocutor, pedir y dar aclaraciones, argumentar, etc.

Hablar de revistas

- *Tipología: especializadas, informativas, de entretenimiento, científicas...*
- *Según el público: infantiles, femeninas, para hombres, de interés general, deportivas, de análisis político, económicas, humorísticas...*
- *Temas: culturales, políticos, científicos, literarios...*
- *Secciones: editorial, entrevistas, noticias breves, reseñas, opinión, foros, efemérides, tecnología, moda, cartas al director, consultorio, salud, agenda, anuncios, pasatiempos, humor...*
- *Formato, diseño: digital, impresa, minimalista, clásica, ilustrada...*
- *Periodicidad: semanal, quincenal, mensual, semestral...*
- *Ventajas: creatividad, libre circulación de ideas, trabajo en equipo, ampliación de horizontes, dedicación, esfuerzo...*

Carta de solicitud

- *Me dirijo a ustedes para...*
- *El motivo de mi carta es...*
- *Por la presente quería...*
  - *... solicitar información sobre... impartido por... de la facultad de...*
  - *... informarme sobre los requisitos para ser admitido en...*
  - *... solicitar mi admisión en el curso...*
- *Estoy muy interesado en cursar los estudios de...*
- *Adjunto toda la documentación requerida para matricularme en...*

Hablar de requisitos

- *He cursado los estudios de...*
- *He obtenido el título de...*
- *Estoy en posesión de:*
  - *Título oficial de máster universitario...*
  - *Título universitario oficial expedido por...*
  - *Diploma de estudios avanzados*
  - *Certificado de suficiencia investigadora*

Opinar

- *A mi entender/parecer...*
- *Soy de la opinión que...*
- *A mi juicio...*
- *A decir verdad...*
- *En mi modesta/humilde opinión...*

Invitar al acuerdo

- *¿Verdad que...?*
- *..., ¿verdad que tengo razón?*

Argumentar

- *Como dice x...*
- *Estoy de acuerdo con x cuando afirma que...*
- *Creo que x tiene razón en que...*
- *Es verdad que... Sin embargo...*
- *Aunque... a mí me parece que...*
- *A pesar de eso opino que...*
- *No es del todo cierto que...*

examen 2

BIENESTAR Y SALUD

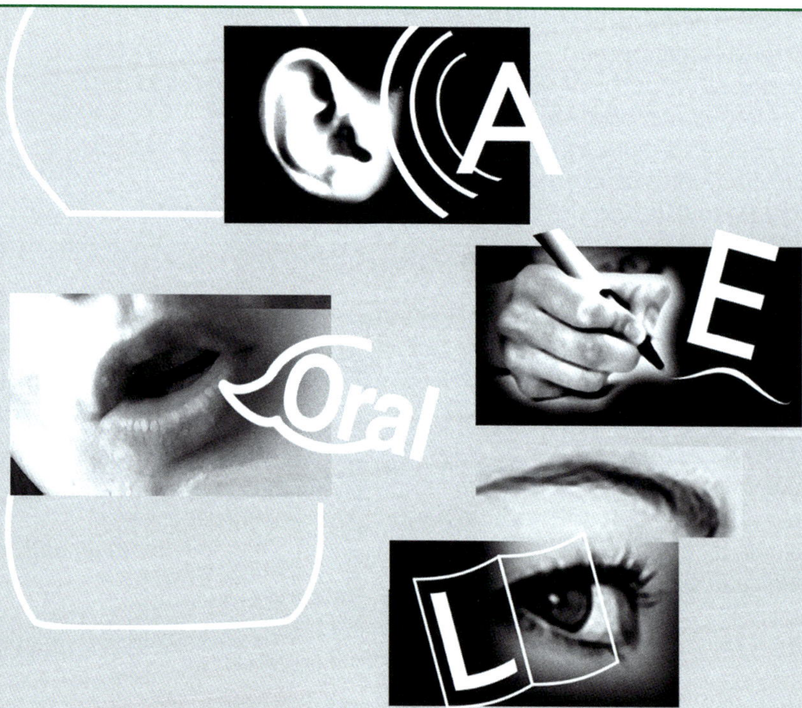

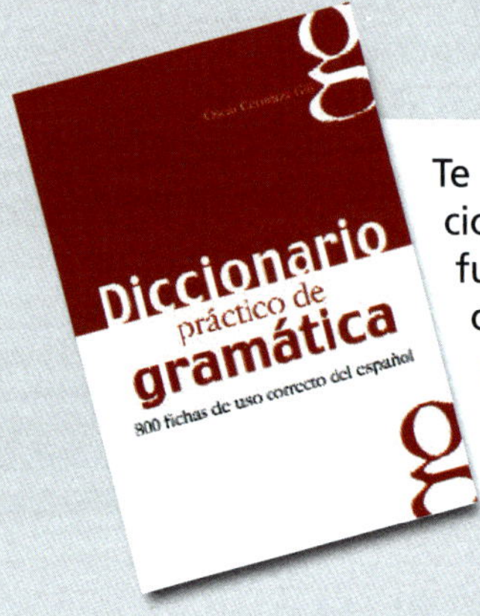

Te recomendamos este diccionario práctico para profundizar y consolidar tus conocimientos, así como para consultar dudas sobre la gramática y el uso correcto del español.

VOCABULARIO

SÍNTOMAS

Acidez (la) ....
Ardor (el) ....
Cólico (el) ....
Décimas (las) ....
Diarrea (la) ....
Eccema (el) ....
Escalofrío (el) ....
Espasmo (el) ....
Estreñimiento (el) ....
Flemón (el) ....
Herpes (el) ....
Inflamación (la) ....
Insomnio (el) ....
Jaqueca (la) ....
Mareo (el) ....
Náuseas (las) ....
Ojeras (las) ....
Palidez (la) ....
Picor (el) ....
Taquicardia (la) ....
Trastorno (el) ....
Vértigo (el) ....
Vómito (el) ....

PARTES DEL CUERPO

Columna (la) ....
Hígado (el) ....
Puño (el) ....
Palma de la mano (la) ....
Pulgar (el) ....
Índice (el) ....
Cráneo (el) ....
Vértebra (la) ....
Páncreas (el) ....
Colon (el) ....
Tímpano (el) ....
Córnea (la) ....
Riñón (el) ....
Vientre (el) ....

VERBOS

Agravarse ....
Agudizarse ....
Aliviar ....
Amputar ....
Cicatrizar ....
Contagiarse ....
Convalecer ....

PROFESIONALES

Anestesista (el/la) ....
Camillero/a (el/la) ....
Cardiólogo/a (el/la) ....
Cirujano/a (el/la) ....
Dermatólogo/a (el/la) ....
Geriatra (el/la) ....
Microbiólogo/a (el/la) ....
Neurólogo/a (el/la) ....
Oftalmólogo/a, oculista (el/la) ....
Otorrinolaringólogo/a (el/la) ....
Patólogo/a (el/la) ....
Urólogo/a (el/la) ....

VARIOS

Audífono (el) ....
Cápsula (la) ....
Chichón (el) ....
Cirugía (la) ....
Convalecencia (la) ....
Crónico/a ....
Cura (la) ....
Dietético/a ....
Diurético/a ....
Epidemia (la) ....
Loción (la) ....
Píldora (la) ....
Pomada (la) ....
Pronóstico (el) ....
Quirófano (el) ....
Resonancia (la) ....
Supositorio (el) ....

EXPRESIONES

Análisis clínicos (los) ....
Asistencia médica (la) ....
Cobertura sanitaria (la) ....
Dar arcadas ....
Donar sangre/órganos ....
Estar como un roble ....
Estar como una tapia ....
Estirar la pata ....
Fecundación in vitro (la) ....
Parto prematuro (el) ....
Perder el conocimiento ....
Reproducción asistida (la) ....
Ser corto de vista ....
Tener *carne*/*piel* de gallina ....
Tener una recaída ....
Tener una salud de hierro ....
Vencer un plazo ....

PRUEBA 1 Comprensión de lectura y uso de la lengua

90 min Tiempo disponible para las 5 tareas.

TAREA 1

A continuación va a leer una póliza de un seguro médico. Elija la opción correcta, a), b) o c), para cada una de las preguntas, 1-6.

PÓLIZA DE SEGURO MÉDICO PARA BECARIOS

Cuestiones generales:

1. La cobertura de este seguro será efectiva a partir de la fecha de comienzo de la beca y abarcará la totalidad del periodo de la misma.
2. Solo los becarios pueden estar cubiertos por el plan, no así las personas a su cargo.
3. Esta póliza prevé el reembolso de los gastos de hospitalización, tratamientos médicos y dentales hasta un máximo de 50 000 euros por persona asegurada (en función del tipo de cobertura seleccionado por la organización) durante cualquier periodo de doce meses consecutivos, sujeto a los siguientes límites:

a) Reembolso del 100% de los gastos incurridos por un tratamiento médico prescrito por médicos cualificados para el tratamiento de pacientes. También se reembolsan al 100% los costos de los servicios hospitalarios como:

- Cama y comida (porcentaje máximo para una habitación de dos o más pacientes).
- Servicio general de enfermería.
- Uso de quirófanos y del equipo correspondiente.
- Uso de salas de recuperación y del equipo correspondiente.
- Exámenes de laboratorio.
- Reconocimientos con rayos X.
- Fármacos y medicamentos en el hospital.

Los 10 primeros euros de toda reclamación de gastos médicos no son reembolsables (por cada periodo de doce meses a partir de la fecha de inicio de la cobertura).

b) Tratamientos sujetos a determinados límites:

- Tratamientos dentales. El costo de la atención dental, los tratamientos periodontales, las dentaduras postizas, las coronas, los puentes o similares, así como los aparatos ortopédicos dentofaciales, se reembolsan hasta un máximo de 600 € por persona asegurada en cada periodo de doce meses consecutivos.
- Exámenes y tratamientos especiales:

• Los gastos de tratamientos psiquiátricos, comprendido el psicoanálisis, son reembolsables en una proporción del 50% y hasta un máximo de 600 €, por no más de 50 consultas por asegurado durante cualquier periodo de seis meses consecutivos.

• Los gastos de tratamientos radiológicos son reembolsables si el paciente ha sido remitido al especialista por el médico que le trate.

• Los gastos de o en relación con viajes o transportes (ambulancia u otros) están cubiertos si se utiliza un servicio de ambulancia profesional para transportar al asegurado entre el lugar en que ha sufrido la lesión por accidente o ha contraído una enfermedad y el primer hospital donde se le trate. En caso de emergencia o incapacidad, el transporte especial del asegurado, incluido el costo de la persona acompañante, quedará cubierto hasta un máximo de 7 500 €. Al igual que la preparación y repatriación de los restos mortales hasta el país de origen.

c) Gastos no cubiertos:

- Audífonos, lentes y gastos de examen de la vista.
- Curas en balnearios.
- Exámenes médicos preventivos periódicos.

- Curas de rejuvenecimiento y tratamientos cosméticos. Está cubierto, sin embargo, cuando sea necesario como consecuencia de un accidente producido durante el periodo de vigencia del seguro.
- Las consecuencias de enfermedades o accidentes como resultado de una acción voluntaria e intencionada del asegurado: intento de suicidio, mutilación voluntaria y enfermedades de transmisión sexual.
- Las consecuencias de heridas o lesiones sufridas durante carreras automovilísticas o competiciones peligrosas. Las competiciones deportivas normales están cubiertas.
- Las consecuencias de insurrecciones o disturbios si, al tomar parte en ellos, el asegurado hubiese violado las leyes aplicables en el país correspondiente, y las consecuencias de peleas, excepto en defensa propia.
- Los accidentes de aviación están cubiertos si la persona asegurada se halla a bordo de una aeronave provista de un certificado vigente de buen estado para la navegación aérea, pilotada por una persona en posesión de permiso válido para el tipo de aeronave de que se trate.

Se recomienda que, en caso de un ingreso previsto, se notifique este a la compañía aseguradora al menos cinco días antes de la hospitalización. En caso de un ingreso urgente solo es necesario facilitar el nombre y el teléfono de la institución médica donde va a ser atendido para que nuestros representantes encargados del servicio al cliente inicien el procedimiento de pago directo.

Adaptado de www-tc.iaea.org

PREGUNTAS

1. Según la póliza, este seguro médico:

a) Tiene una duración de un año a partir del comienzo de la beca.

b) Durante el periodo de disfrute de la beca, cubre los gastos médicos que se detallan.

c) Cubre el 100% de los gastos hospitalarios del becario y su familia.

2. En caso de ingreso en un hospital, el seguro:

a) Cubrirá el traslado en transporte privado al hospital que elijamos.

b) Cubre los gastos de cama y comida sin excepción.

c) No abonará la diferencia de tarifa, en caso de elegir habitación individual.

3. Se reembolsará la mitad del gasto, hasta un máximo de 600 €, en caso de:

a) Tratamientos dentales.

b) Apoyo psicológico.

c) Tratamientos psiquiátricos.

4. Los gastos de tratamientos radiológicos no se reembolsan:

a) Si no se está hospitalizado.

b) En caso de no prescribirlo el facultativo que nos trate.

c) Cuando no se realizan en un hospital público.

5. Según la póliza, este seguro no cubre:

a) La compra de gafas nuevas.

b) Las intervenciones quirúrgicas como resultado de un accidente.

c) Los accidentes aéreos en caso de fallo de la aeronave.

6. Están cubiertos los gastos derivados de:

a) Contagio de enfermedades de transmisión sexual.

b) Tratamientos faciales de rejuvenecimiento.

c) Lesiones producidas al practicar un deporte como el atletismo.

TAREA 2

A continuación va a leer un texto del que se han extraído seis fragmentos. Después, lea los siete fragmentos, a)-g), y decida en qué lugar del texto, 7-12, va cada uno. Hay un fragmento que no tiene que elegir.

La vocación de ser médico

Muchas veces he oído decir que la profesión de médico es muy vocacional, que «hay que valer para esto», «yo no podría»... y aunque he estado de acuerdo siempre, la verdad es que con el paso de los años me reafirmo en esta idea. **7.** ________________.

Superados los estudios, se abre ya el mundo laboral de un médico; si hacemos cuentas, llevas por lo menos siete años, en el mejor de los casos, preparándote. **8.** ________________. Pero no pasa nada, te repites, yo estoy aquí porque me gusta, porque amo esta profesión, porque siento vocación por ella. Es entonces cuando te llevas otro revés, porque llegas a tu servicio, comienzas a trabajar y descubres de nuevo que no tienes ni idea de medicina; lo que te cuentan los pacientes no se parece en nada a lo que habías estudiado en los libros, las enfermedades no son como te las describían en la carrera, con sus signos y síntomas perfectamente definidos, sus diagnósticos tan precisos y sus tratamientos tan eficaces; **9.** ________________. Y si tienes suerte durmiendo 2 o 3 horas, y al día siguiente en muchos casos teniendo que volver al servicio donde estás rotando para pasar consulta antes de poder irte a casa como un zombi y poder descansar de semejante día. Todo esto durante 3, 4 o 5 años dependiendo de la especialidad escogida, durante los cuales te preguntas en muchas ocasiones si realmente vales para esto, si merece la pena tanto sacrificio, tantos años invertidos para llegar hasta aquí, **10.** ________________.

Llegamos ya al final de la residencia, el MIR, esa especie de oposición que determina tu acceso a una u otra especialidad, que llega cuando más cansado de estudiar estás, y que al menos supone un año entero dedicado exclusivamente a ello, para que en un día, en un examen, te juegues buena parte de tu futuro, o más bien todo. **11.** ________________.

Y por otra parte hemos superado todas las guardias, los rotatorios, algunos de ellos interminables y otros en cambio demasiado cortos; hemos asistido a congresos, hemos intentado publicar lo máximo posible para mejorar nuestro currículum, hemos atendido a cientos de pacientes, y por fin, lo más importante de todo, lo que llevamos buscando desde que comenzamos: **12.** ________________. Y cuando lo consigues es entonces cuando te sientes bien contigo mismo, y sientes algo en tu interior que compensa todo lo que has sufrido para llegar hasta aquí; muchos sinsabores, pero también muchas satisfacciones. Y es cuando realmente te das cuenta de que has llegado donde estás ahora, porque hay algo en tu interior que a veces has dudado que estuviera, pero sin lo cual no hubieras superado todas las adversidades que se han ido presentando, que siempre ha estado en los momentos difíciles para animarte a seguir adelante y que ahora reconoces en toda su magnitud: la vocación de ser médico.

Adaptado de www.medicinageneral.org

FRAGMENTOS

a)

hemos aprendido algo de lo que es la medicina, la ciencia menos científica de todas, no la de los libros, sino la de la vida diaria, la del enfermo con sus problemas, que deposita toda su confianza en ti para que le intentes curar o por lo menos le alivies su sufrimiento.

b)

Durante todo ese periodo has ido viendo cómo tus amigos llevan varios años trabajando porque sus carreras son más cortas o porque comenzaron a trabajar nada más terminar el instituto, y algunos hasta se han casado y tienen algún hijo.

c)

Pues es en esta situación en la que me encuentro yo ahora mismo y que origina una sensación agridulce, porque acabas tu periodo de formación y al paro; sí, te quedan sustituciones de verano, Navidades, o te puedes marchar fuera de tu comunidad o incluso al extranjero, pero esto ya es otro tema que dejaremos para otro día.

d)

y seguimos avanzando, y cada vez aparecen más patologías a cuál más rara, que por cierto, son las que «más caen» en los exámenes, y que luego nunca ves en tu desarrollo profesional.

e)

luego están las guardias de 24 horas, un día entero encerrado en el hospital, comiendo y cenando apresurado y siempre dando vueltas en la cabeza al último paciente que has visto: «¿Le he preguntado si dormía con dificultad? ¿Qué tensión tenía? ¿Le he puesto el analgésico?».

f)

Antes de continuar, vamos a definir qué es la *vocación*. Según el diccionario, es 'la inclinación natural de una persona por un arte, una profesión o un determinado género de vida'.

g)

y es de nuevo cuando hay que recurrir a la vocación para entender por qué seguimos adelante en esta auténtica carrera de obstáculos que es llegar a ser médico.

TAREA 3

A continuación va a leer un texto sobre la dieta mediterránea. Después, elija la opción correcta, a), b) o c), para las preguntas, 13-18

LA DIETA MEDITERRÁNEA

En el año 1970, el Dr. Ancel Keys, de la escuela de salud pública de la Universidad de Minnesota, publicó los resultados de un importante estudio realizado en siete países en el que analizaba el papel de la dieta en las enfermedades cardiovasculares, estableciendo las bases de lo que posteriormente sería la dieta mediterránea. La investigación se llevó a cabo entre más de 12000 hombres de Finlandia, Grecia, Italia, Japón, Holanda, Estados Unidos y Yugoslavia. Según esos resultados, se encontraron fuertes correlaciones entre la cantidad de grasa saturada y colesterol en la dieta, los niveles de colesterol en la sangre y el porcentaje de muerte por enfermedad cardiovascular. De los países participantes, Estados Unidos y Finlandia tenían el consumo más elevado de productos animales, grasa saturada y colesterol, además tenían el porcentaje más alto de muerte por enfermedades cardiovasculares. Los países mediterráneos y Japón estaban en el polo opuesto.

Uno de los descubrimientos de más impacto de dicho estudio y que serviría para dar nombre a la dieta mediterránea fue que los habitantes de Creta, que obtenían más del 40% de sus calorías del consumo de grasas, presentaban el más bajo índice de colesterol y enfermedades asociadas (según la población, el porcentaje de muertes por este motivo es 57 veces menor que en Finlandia). La mayor parte de esta grasa procedía del consumo de aceite de oliva y de aceitunas y, el resto, de cereales, verduras y pescado generalmente azul, con algo de carne. Además, bebían vino todos los días.

Respecto a Japón, el segundo país con el índice más bajo de muertes por enfermedades cardiovasculares, en gran parte debido a una dieta con grandes cantidades de pescado, se percibió que, como aspecto negativo, presentaba un elevado índice de muertes por hemorragia cerebral. El mismo fenómeno se advirtió entre otros grupos étnicos, como los esquimales. Posteriormente, en Japón, al diversificarse más la dieta, se observó una disminución del porcentaje de muertes por este motivo. Más recientemente se está analizando la posibilidad de que exista una correlación entre dietas con muy bajo porcentaje en grasas y ciertos tipos de cáncer, así como con la enfermedad de Alzheimer.

La dieta mediterránea, con su diversidad y composición, constituye el equilibrio perfecto para disminuir ambos riesgos contrapuestos. No obstante, hemos de saber que la auténtica, la genuina dieta mediterránea es la que se descubrió en Creta y, aunque las de muchas regiones de España eran entonces extraordinariamente similares, aquí no se hizo estudio. Fundamentalmente, se basaba en lo siguiente:

- El 60%, o sea, más de la mitad de lo que comemos al día debe corresponder a alimentos del grupo de los hidratos de carbono fundamentalmente complejos, como los cereales (pan, arroz, pasta), raíces y tubérculos (patatas) o leguminosas (garbanzos, judías, etc.).

- El 15% a verduras y frutas, tanto frescas como cocinadas.
- Otro 15% se completa con carnes y pescados (preferentemente más pescado que carne), que nos aportan proteínas.
- El 10% corresponde a alimentos fundamentalmente grasos (aquí entra el aceite de oliva) que son necesarios porque son muy energéticos y contienen vitaminas y ácidos grasos esenciales para nuestro organismo. A pesar de que la proporción parezca pequeña, el aporte de calorías puede subir mucho más, ya que 1 g de grasa contiene 9 Kcal, mientras que 1 g de proteína o de hidrato de carbono posee 4 Kcal.
- ¡Y cómo no!, un vasito de tinto acompañando a las comidas en las que nos apetezca hacerlo. Es la alegría de la dieta mediterránea.

No tengamos miedo, pues, a una dieta variada y mucho menos al jamón ibérico, que contiene una gran proporción de ácidos grasos monoinsaturados.

Adaptado de www.dieta-mediterranea.com

PREGUNTAS

13. El estudio del que se habla en el texto:

a) Se llevó a cabo en la escuela de salud pública de Minnesota.

b) Descubrió que los cretenses apenas padecían enfermedades cardiovasculares aunque consumían muchas grasas de origen vegetal.

c) Se comprobó en varios países mediterráneos, Finlandia, Japón, Holanda, EE. UU. y Yugoslavia.

14. Según el texto, la llamada *dieta mediterránea*:

a) Es el resultado de un estudio sobre la alimentación de los esquimales y la de los países mediterráneos.

b) Tiene componentes nutricionales que protegen de las enfermedades cardiovasculares.

c) Se caracteriza por la ingestión de grandes cantidades de grasa saturada.

15. El texto afirma que entre los habitantes de Creta:

a) La hemorragia cerebral es la causa principal de muerte.

b) El consumo de alimentos grasos es el menos significativo.

c) La dieta es muy homogénea y se compone básicamente de carne y pescado azul.

16. La dieta mediterránea, según el autor:

a) Puede producir enfermedades como el Alzheimer.

b) Prohíbe terminantemente la ingesta de alcohol.

c) Permite incluir alimentos como el jamón ibérico en cantidades moderadas.

17. En el texto se recomienda:

a) Consumir una gran variedad de alimentos.

b) Seguir un régimen a base de frutas y verduras exclusivamente.

c) Evitar absolutamente todos los alimentos de gran valor energético.

18. En el texto se dice que la dieta de los habitantes de Creta:

a) Se componía en un 15% de verduras crudas y ensaladas.

b) Era casi idéntica a la japonesa debido al importante consumo de pescado azul.

c) Incluía gran porcentaje de hidratos de carbono provenientes de alimentos como el pan, la pasta y las legumbres.

TAREA 4

A continuación va a leer varios textos relacionados con la salud. Elija el texto, a)-f), que corresponde a cada enunciado, 19-26. Hay textos que deben ser elegidos más de una vez.

a) Una buena forma física influye directamente en el metabolismo al favorecer un mejor aporte de nutrientes a través de la circulación en todos los tejidos, incluyendo el sistema nervioso y órganos como el cerebro. La vitalidad de las neuronas depende de un buen aporte sanguíneo y la actividad física lo vigoriza y favorece. ¿Pero qué influye en la salud del cerebro? Directamente, la fatiga física o intelectual, el estrés, la falta de sueño, no usarlo regularmente y una alimentación inadecuada. Es indispensable, para la preservación cerebral, evitar el *diestrés* (estrés maligno), dormir al menos cinco horas diarias, prevenir el cansancio crónico (agotamiento físico acumulado), realizar ejercicios diarios de concentración y memoria, tener una alimentación adecuada y evitar el sedentarismo. En cuanto a la dieta, existen alimentos con efecto indirecto, pero específico, en la salvaguardia de las células nerviosas que conforman la materia gris del cerebro.

b) El moho es un tipo de hongo microscópico que crece y vive en las plantas, en la materia de origen animal o en objetos no orgánicos. Se propaga por medio del aire, el agua o los insectos y entra en los hogares por puertas y ventanas abiertas, y a través de los sistemas de calefacción y de aire acondicionado. Este microorganismo se adhiere a la ropa, los zapatos, los animales, etc. Crece con facilidad en productos de papel, cartón, madera o teja y se aloja entre el polvo, en la pintura o los tapices de la pared, materiales aislantes, etc. Una vez en el interior de las casas puede producir, a sus habitantes, tos, congestiones nasales, irritaciones de garganta, ojos y piel y sus consecuencias pueden ser graves en quienes padecen afecciones pulmonares. A fin de evitar sus efectos, es recomendable mantener los niveles de humedad en la vivienda entre 40 y 60%, asegurarse de que los ambientes estén ventilados adecuadamente y no disponer de alfombras ni libros, animales disecados u otros objetos que puedan generar moho en los sitios que concentren humedad.

c) El último informe de la Organización Mundial de la Salud (OMS) pone de manifiesto que actualmente más de 450 millones de personas están directamente afectadas por algún trastorno o discapacidad mental, y la mayoría de ellas viven en los países en desarrollo. Según el doctor Shekhar Saxena, del Departamento de Salud Mental de la OMS, las cifras de las que se dispone hoy en día muestran claramente la magnitud de la problemática y sus probabilidades de que sea cada vez mayor, hasta el punto de que en 2030 la «epidemia silenciosa» llamada *depresión* será, entre todos los trastornos de salud, el que causará el mayor número de muertes (muertes a temprada edad o debidas a una discapacidad severa causadas por la propia depresión).

d) Según Michael Miller, experto en cardiología preventiva de la Universidad de Maryland en los Estados Unidos, escuchar la música que más nos alegra favorece la buena salud cardíaca. A estas conclusiones se ha llegado después de una investigación con voluntarios entre los que Miller y sus colegas midieron cómo respondía su sistema circulatorio a varios cambios bruscos en su flujo sanguíneo provocados en forma artificial mientras escuchaban una sesión de la música que les producía mayor alegría y bienestar. En concreto, sus venas y arterias se dilataban hasta un 26%, lo que en el ámbito médico se considera una respuesta muy saludable. Es más, se observó que es un resultado similar al que se obtiene cuando la persona está realizando ejercicios aeróbicos. También se constató que la risa mejora el flujo sanguíneo (los vasos sanguíneos se dilatan hasta un 19%).

e) Según una investigación, el cuerpo necesita una exposición razonable a gérmenes propios de nuestro entorno cotidiano para desarrollar sus defensas. De esta manera, al contrario de lo que afirmaban investigaciones anteriores, el hecho de desarrollarse en un entorno muy higiénico durante los primeros años de vida puede contribuir a la aparición de ciertas enfermedades al alcanzar la edad adulta. Durante el estudio, se observó cómo afectaba el ambiente de los primeros años de vida a la producción de la proteína C-reactiva, cuya tasa en sangre aumenta cuando se da un proceso inflamatorio. Al comparar los niveles de proteína C-reactiva en sangre de los jóvenes filipinos con los de los jóvenes estadounidenses (cuyo entorno de vida es mucho más higiénico), los investigadores observaron que los primeros presentaban niveles de proteína C-reactiva entre 5 y 7 veces inferiores a los de los estadounidenses.

f) La respiración bucal es una condición patológica que afecta al sistema respiratorio y a todo el organismo. Toda modificación en el comportamiento respiratorio nasal hacia el bucal viene acompañada de una serie de transformaciones funcionales que afectan a la postura de la lengua y mandíbula, así como al equilibrio de los músculos orales y periorales. En relación a las características posturales, el que padece esta patología inclina el cuello hacia delante y esto produce un cambio de posición de la cabeza y el cuello cuyo objetivo es adaptar la angulación de la faringe para facilitar la entrada de aire por la boca con la intención de aumentar el flujo aéreo superior. Cuando el cuello se proyecta anteriormente, la musculatura del mismo y de la escápula es afectada, provocando una postura anormal en la que los hombros se curvan y el pecho se hunde. Todo ese mal funcionamiento muscular hace que la respiración sea corta y rápida. El movimiento del músculo del diafragma se altera, los músculos abdominales se tornan flácidos y los brazos y piernas asumen una nueva posición.

Adaptado de varias fuentes

ENUNCIADOS

19. El texto insiste en la conveniencia de inspirar y espirar por la nariz.	a)	b)	c)	d)	e)	f)
20. En el texto se afirma que es contraproducente criarse en ambientes desinfectados absolutamente.	a)	b)	c)	d)	e)	f)
21. El texto alerta ante lo que será el principal problema de salud en todo el planeta.	a)	b)	c)	d)	e)	f)
22. Dice este texto que el estado de ánimo influye directamente en nuestra salud.	a)	b)	c)	d)	e)	f)
23. Según el texto, hay una estrecha relación entre actividad física y mental.	a)	b)	c)	d)	e)	f)
24. El texto habla de una de las principales causas de afección en las vías respiratorias y de cómo evitarla.	a)	b)	c)	d)	e)	f)
25. El texto afirma que no disponer de suficientes anticuerpos en la infancia multiplica los problemas de salud en la edad adulta.	a)	b)	c)	d)	e)	f)
26. Según este texto, el cansancio excesivo al igual que la inactividad, tanto física como mental, son negativos.	a)	b)	c)	d)	e)	f)

TAREA 5

A continuación va a leer un texto sobre un descubrimiento científico. Elija la opción correcta, a), b) o c), para completar los huecos, 27-40.

Albert Sabin

Albert Sabin, un microbiólogo polaco de ____**27**____ judío que emigró hacia EE. UU. a causa del hostigamiento nazi, revolucionó la medicina a finales de la década de los 50 al descubrir la vacuna contra un mal que ____**28**____ la vida de millones de personas: la poliomielitis.

La poliomielitis es una enfermedad viral que se contagia ____**29**____las personas a través de sustancias contaminadas con excrementos humanos y que históricamente ha causado ____**30**____ en la población mundial. Este virus ataca el sistema nervioso y puede provocar parálisis temporal o permanente e incluso la muerte. En su forma más aguda causa inflamación de las neuronas motoras de la médula espinal y del cerebro. Especialmente se ceba ____**31**____ niños, mujeres embarazadas y ancianos.

El descubrimiento de la vacuna oral para combatir esta enfermedad (Sabin comenzó a suministrarla a los niños diluida en un terrón de azúcar) ha permitido erradicar prácticamente del planeta ese mal, considerado desde la ____**32**____como una lacra de la humanidad. Desde su descubrimiento, la incidencia de esta enfermedad en el mundo se ha reducido en ____**33**____ 99% y se ha erradicado en occidente.

Nacido en Bialistok (Polonia) el 26 de agosto de 1906, Sabin y su familia se vieron obligados a emigrar a EE. UU. desde su país a causa del antisemitismo. Corría el año 1921. Nueve años después obtuvo la nacionalidad estadounidense y en 1931 se licenció ____**34**____ Medicina por la Universidad de Nueva York. Fue durante uno de sus años universitarios cuando comenzó a investigar sobre la polio.

Entre 1935 y 1937 trabajó como profesor asociado en el Instituto Rockefeller y dos años después ____**35**____ profesor pediátrico en la Universidad de Cincinnati. Sus investigaciones tomaron como punto de partida el trabajo desarrollado por el científico Jonas Edward Salk, quien, ____**36**____ cultivar en su laboratorio los tres tipos de virus de polio conocidos, desarrolló una vacuna inyectable y ____**37**____ virus muertos, que se convirtió en la primera vacuna antipoliomielítica. Sin embargo, la vacuna de Sabin resultó ser más eficaz que la vacuna inyectable de virus muertos de Salk, pues permitía la inmunidad durante un periodo de tiempo más largo.

Sabin echó ____**38**____ la teoría que sostenía que el virus infecta el cuerpo humano por medio de las fosas nasales al demostrar que este lo hace ____**39**____ el sistema gastrointestinal para después extenderse por la sangre.

El científico, nombrado profesor emérito de la Universidad de Cincinnati en 1971, renunció a sus derechos de patente con el fin de facilitar la difusión mundial de su descubrimiento lo antes posible. Falleció en 1993 y nunca recibió el Premio Nobel de Medicina, que en 1954 fue otorgado____**40**____ John Enders, Thomas Weller y Frederick Robbins por estudios vinculados a la poliomielitis.

Adaptado de www.vidapositiva.com

Opciones

27.	**a)** país	**b)** procedencia	**c)** origen
28.	**a)** se cobrara	**b)** se cobraba	**c)** se hubo cobrado
29.	**a)** desde	**b)** entre	**c)** por
30.	**a)** furia	**b)** furor	**c)** estragos
31.	**a)** de	**b)** con	**c)** a
32.	**a)** antigüedad	**b)** ancianidad	**c)** senectud
33.	**a)** más del	**b)** más que el	**c)** superior al
34.	**a)** de	**b)** en	**c)** por
35.	**a)** se puso	**b)** llegó a ser	**c)** se volvió
36.	**a)** después	**b)** tras de	**c)** tras
37.	**a)** a base de	**b)** en base a	**c)** con base en
38.	**a)** debajo	**b)** abajo	**c)** bajo
39.	**a)** mediando	**b)** a través de	**c)** con
40.	**a)** para	**b)** hacia	**c)** a

Anote el tiempo que ha tardado:

Recuerde que solo dispone de **90 minutos**

PRUEBA 2 Comprensión auditiva y uso de la lengua

50 min Tiempo disponible para las 4 tareas.

TAREA 1

CD I Pista 6

A continuación escuchará una conferencia sobre el sentido del humor y la salud en la que se tomaron las siguientes anotaciones. La oirá dos veces. Después, elija para cada anotación, 1-6, la palabra o fragmento correspondiente entre las doce opciones, a)-l), que se le ofrecen.

ANOTACIONES

1. A menudo se tiene la idea de que ____________ sobre el humor ha de ser por fuerza divertida.
2. Actualmente hay algunos indicios que pueden llevar a pensar que __________ está desapareciendo.
3. ____________ no presentan la realidad tal y como es, sino solo lo negativo.
4. Reír puede llegar a ser ____________, si antes de experimentar dolor lo provocamos.
5. Está comprobado que el sentido del humor disminuye ____________ que, a su vez, causa o agrava algunas dolencias.
6. Cuanto más ____________ seamos, más sanos nos sentiremos, disfrutemos o no objetivamente de buena salud.

a) los medios de comunicación
b) un aliciente
c) el estrés
d) expectativas
e) enfermos
f) optimistas
g) el sentido del humor
h) un analgésico
i) contagio
j) beneficios
k) nuestro mundo globalizado
l) una conferencia

TAREA 2

CD I Pista 7

A continuación escuchará cuatro conversaciones. Oirá cada una dos veces. Después, seleccione la opción correcta, a), b) o c), para cada pregunta, 7-14.

PREGUNTAS

CONVERSACIÓN 1

7. Una de las ventajas de ese jarabe es que:
- **a)** Es un producto natural apto para cualquier paciente.
- **b)** Es más efectivo que los que se venden por prescripción médica.
- **c)** Se puede adquirir sin receta médica.

8. El farmacéutico le aconseja a la mujer:
- **a)** Visitar un médico para que le recete un jarabe.
- **b)** Tomar el jarabe durante seis días.
- **c)** Ir al médico si empeoran los síntomas.

CONVERSACIÓN 2

9. El paciente:

a) Tiene problemas respiratorios cuando hace deporte.
b) Padece síntomas psicosomáticos por el estrés.
c) Debe repetir los análisis por un problema con el hierro.

10. La doctora:

a) Le realiza un reconocimiento rutinario.
b) Le recomienda unos días de baja y descansar.
c) Le aconseja tomar un relajante dos horas antes de acostarse.

CONVERSACIÓN 3

11. El hombre:

a) No se ha planteado seriamente la posibilidad de su muerte.
b) Le preocupa bastante la herencia que pueda quedar a sus hijos.
c) No está de acuerdo en incluir los gastos de su entierro en la póliza.

12. Sobre el seguro de vida, la agente:

a) Informa al posible cliente sobre los riesgos que tiene.
b) Ha sido incapaz de convencer al cliente para que se haga uno.
c) Recomienda al cliente abonar las cuotas de forma temporal.

CONVERSACIÓN 4

13. La mujer quiere que sus hijos se hagan socios de la piscina:

a) Por los problemas de espalda que tienen.
b) Para que aprendan a nadar.
c) Porque quieren perder peso.

14. El empleado le informa a la mujer de que:

a) La inscripción para las clases de *aquagym* solo es *on-line*.
b) Las clases son gratuitas para los residentes en ese municipio.
c) Con el carné familiar se paga una pequeña cantidad cada seis meses.

CD I
Pista 8

TAREA 3

A continuación escuchará una entrevista sobre la salud en los músicos. La oirá dos veces. Después, seleccione la opción correcta, a), b) o c), para cada pregunta, 15-20.

PREGUNTAS

15. El personaje entrevistado:

a) Se especializó como terapeuta de músicos a raíz de un traumatismo.
b) Estudió Traumatología al no poder continuar tocando instrumentos de percusión.
c) Abandonó su carrera musical tras consultar a diferentes traumatólogos.

16. Según el entrevistado, los músicos:

a) Sufren traumatismos solo si no tienen técnica depurada.
b) Se pueden lesionar si trabajan solo las extremidades superiores.
c) Se lesionan porque tocan durante demasiado tiempo.

17. En la entrevista se dice que los músicos deben:

a) Estudiar durante periodos de no más de 40 o 50 minutos.
b) Utilizar algún tipo de teclado durante los descansos para relajar los dedos.
c) Hidratarse y descansar durante las sesiones de estudio.

18. Según el protagonista, un músico profesional:
- **a)** Debería invertir como mucho siete horas diarias en practicar.
- **b)** Tiene que hacer deporte para ejercitar ciertos músculos.
- **c)** Ha de cuidar su alimentación y su estado físico general para evitar lesiones.

19. Según el doctor, las técnicas para encontrar el equilibrio entre cuerpo y mente:
- **a)** Ayudarán a curar cualquier lesión más rápidamente.
- **b)** Son eficaces a la hora de evitar las lesiones.
- **c)** Aumentan el riesgo de sufrir una lesión debido a las posturas que hay que adoptar.

20. En la entrevista se dice que si se sufre una lesión:
- **a)** Lo mejor es dejar de tocar durante 48 horas.
- **b)** No hay que dejar de practicar, sino hacerlo a otro ritmo.
- **c)** Esta se curará con reposo absoluto y antiinflamatorios.

CD I Pista 9

TAREA 4

Usted va a escuchar diez breves diálogos. Escuchará cada uno dos veces. Después, seleccione la opción correcta, a), b) o c), para cada pregunta, 21-30.

DIÁLOGO 1

21. La mujer piensa que su amigo debería consultar:
- **a)** A un especialista en dolores de cabeza.
- **b)** Al médico general de su centro de salud.
- **c)** Al médico más cercano.

DIÁLOGO 2

22. El medicamento que han recetado a Luis:
- **a)** Sirve para aliviar el dolor de muelas.
- **b)** Es para una aguda inflamación que tiene.
- **c)** Previene la caries dental.

DIÁLOGO 3

23. La madre está preocupada porque el niño:
- **a)** Continúa con algo de fiebre.
- **b)** Tiene una fiebre muy alta.
- **c)** Su temperatura está por debajo de lo normal.

DIÁLOGO 4

24. La tisana es:
- **a)** Una poción mágica.
- **b)** Una solución económica.
- **c)** Un remedio infalible.

DIÁLOGO 5

25. El vecino de quien hablan:
- **a)** Ha fallecido.
- **b)** Ha ganado a la lotería.
- **c)** Ha estado muy enfermo.

DIÁLOGO 6

26. El hombre que habla:
- **a)** Se intoxicó al ingerir alimentos en mal estado.
- **b)** Tiene una diarrea horrible.
- **c)** Tiene indigestión por comer en exceso.

DIÁLOGO 7

27. Sobre Pedro, la profesora piensa que:
- **a)** Su certificado médico lo exime de examinarse.
- **b)** Debería dedicarse a la Medicina.
- **c)** Escribe con caracteres ilegibles.

DIÁLOGO 8

28. La mujer que habla:
- **a)** Tiene problemas para respirar.
- **b)** Piensa que va a desmayarse.
- **c)** Tiene ganas de vomitar.

DIÁLOGO 9

29. Merche piensa que la comida del hospital:
- **a)** Es mala y poco apetitosa.
- **b)** Es demasiado pesada.
- **c)** La sirven en raciones insuficientes.

DIÁLOGO 10

30. La señora tiene:
- **a)** Miopía.
- **b)** Vista de lince.
- **c)** Cataratas.

Anote el tiempo que ha tardado:

Recuerde que solo dispone de **50 minutos**

PRUEBA 3

C. auditiva y expresión e interacción escritas

80 min Tiempo disponible para las 2 tareas.

CD I Pista 10

TAREA 1

A continuación escuchará la primera parte de una conferencia sobre la salud física y mental. La escuchará dos veces. Después, redacte una argumentación (220-250 palabras) recogiendo los puntos principales y exprese de forma justificada su punto de vista. Durante la audición puede tomar notas.

TAREA 2

Elija una de las siguientes opciones y redacte un texto formal (220-250 palabras) según las indicaciones que se le dan en cada opción.

Opción 1

Usted ha leído el siguiente anuncio en un periódico. Escríbales una carta interesándose por la oferta y explicándoles por qué querría que le realizaran una prueba en su casa. Pídales más información sobre sus métodos, fiabilidad del test y tipo de afecciones que pueden tratar y otras cuestiones de su interés antes de concertar una cita.

Medicina natural a domicilio en Gerona
CONSULTAS GRATUITAS A DOMICILIO

Realizamos un test médico sin necesidad de exámenes para conocer su estado circulatorio, hepático, nervioso, respiratorio, etc. Le recetamos productos 100% naturales sin ningún tipo de contraindicación colateral.
20 años de servicio es nuestra mejor garantía. Somos su centro naturista. Cuéntenos sus inquietudes y concierte sus citas escribiendo un correo a la siguiente dirección: centro.naturista@naturhome.com

Opción 2

Usted va a escribir un artículo de divulgación sobre la salud en una revista de su barrio.
En dicho artículo debe:
- Expresar su intención al hablar del tema.
- Referirse a los problemas de salud más importantes en la sociedad donde vive.
- Aconsejar a los jóvenes para tener una vida sana.
- Hacer alusión a algún ejemplo negativo que recuerde de algún personaje famoso.
- Concluir exhortándoles a cuidar su salud.

Anote el tiempo que ha tardado:

Recuerde que solo dispone de **80 minutos**

PRUEBA 4 C. de lectura y expresión e interacción orales

20 min Tiempo disponible para las 3 tareas.

20 min Tiempo de preparación.

TAREA 1

Usted debe hacer una presentación oral (3-5 minutos) sobre el siguiente texto. Su exposición debe incluir los siguientes puntos:

- *Tema central.*
- *Ideas principales y secundarias.*
- *Comentario sobre ideas principales.*
- *Intención del autor si procede.*

Puede tomar notas y consultarlas, pero no puede hacer una lectura de las mismas.

¿Piensas demasiado?

Pensar está muy bien. Vivir una vida racional y positiva es lo mejor que nos puede ocurrir. Pero cuando nuestra mente se queda dándole vueltas a nuestros pensamientos inútilmente produciendo sentimientos negativos da lugar al *efecto levadura*, tal como lo denomina Susan Nolen-Hoeksema en su libro *Mujeres que piensan demasiado*. Se trata, en este caso, del pensamiento excesivo que se produce a partir de una pequeña idea o problema que pasa a generar más y más preguntas, nuevas relaciones de ideas (todas con el mismo denominador común, problemático y lleno de temores), que generan, a su vez, otros pensamientos negativos que se expanden, crecen y acaban por apoderarse de todo el espacio de nuestras mentes. El resultado es agotador. Lejos de encontrar respuestas o soluciones válidas acabamos en un callejón sin salida presas de sentimientos de victimismo: «No podré salir de esta», «Soy tan incapaz como siempre lo he sido», o ansiedad: «Esto se acaba», y depresión: «Mi vida no vale nada».

Cuando el pensamiento es constructivo y creativo, y aporta soluciones, nunca es demasiado, ya que se detiene al final del proceso y se relaja inmerso en una sensación satisfactoria de misión cumplida. El pensamiento excesivo, por el contrario, resulta nocivo porque afecta a nuestra capacidad para obtener respuestas y soluciones a nuestros problemas, produce desmotivación y genera nuevos problemas, nos bloquea en una posición repetitiva que acaba alejando a nuestras amistades y familiares (que aun apoyándonos en un principio acaban siendo presas del mismo agotamiento impotente) y, finalmente, puede arruinar nuestra salud física y emocional. El pensamiento excesivo puede llegar a arruinar relaciones.

Según Nolen-Hoeksema, «la mujer tiene el doble de probabilidades que el hombre de caer en una depresión profunda o de sufrir ansiedad, y parece que una de las razones de que esto sea así es precisamente nuestra tendencia a pensar demasiado». Si bien es cierto que las mujeres sufrimos más las consecuencias del pensamiento excesivo, de momento no hay pruebas de que la causa resida en algún rasgo. Hoy por hoy, las investigaciones apuntan a causas de tipo social, cultural y psicológico:

- Las mujeres piensan más porque tienen más cosas en que pensar. Las cargas demoledoras que acompañan al exceso de responsabilidades familiares, sociales, profesionales y personales, así como (paradójicamente) el menor poder social, político y económico hacen que se establezcan tensiones crónicas que perpetúan un hábito de pensamiento y resolución de conflictos constante.

- Las mujeres tienen más relaciones sociales y se implican más personalmente. Esto hace que estén permanentemente preocupadas (por sus parejas, sus hijos, sus padres, sus amigas) y angustiadas por las consecuencias que puede tener en sus relaciones el más insignificante de los cambios. Lo peor es que tienden a basar su autoestima y su bienestar en cómo funcionan sus relaciones y en lo que las demás personas piensen de ellas, haciendo que, a veces, y con la intención de contentar a otros, opten por hacer lo que no desean y tomen decisiones equivocadas en sus vidas.
- El apoyo moral que buscan unas mujeres en otras puede crear círculos viciosos de pensamiento excesivo y victimismo. El sentido de lealtad y empatía puede hacer que muchas mujeres se dejen arrastrar por el pensamiento excesivo-corrosivo de la amiga que necesita ser escuchada, evitando cuestionar su pensamiento y poner freno a su distorsión exagerada de las cosas por temor a que no se sienta comprendida o, más aún, a que se sienta traicionada. Este tipo de pensamientos provoca estados de ánimo negativos que pueden teñir la calidad de nuestros pensamientos hasta tal punto que acaban teniendo una visión distorsionada de los hechos. Lo peor de todo es que, llegados a este punto, podemos tomar decisiones equivocadas basándonos en esos pensamientos negativos.

El primer paso hacia la liberación consiste en romper las ataduras: observar nuestros pensamientos y saber detectarlos cuando están empezando a rumiar demasiado y demasiadas cosas, de una manera inútil y cansina; dejar de identificarnos con ellos, definirlos como algo malo para nosotras y decidirnos a pararlos para evitar que nos hundan. El segundo paso consiste en arrastrarnos fuera del fango y situarnos a una distancia que nos permita ver las cosas con una mayor claridad y perspectiva para poder tomar las decisiones adecuadas. El tercer paso requiere atención y acción para evitar caer en las trampas que nuestro hábito de pensamiento excesivo nos guarda para el futuro -ya sea a los pocos minutos, con el regreso al mismo problema, o bien en cuanto surja el próximo conflicto.

Adaptado de www.crecejoven.com

NOTAS

TAREA 2

Usted debe mantener una conversación con el entrevistador (4-6 minutos) sobre el tema del texto de la Tarea 1. En la conversación debe:
- Dar su opinión personal sobre el tema.
- Justificar su opinión con argumentos.
- Rebatir, si procede, las opiniones que exprese su interlocutor.

MODELO DE CONVERSACIÓN

1. Opinión del candidato y justificación.

¿Está de acuerdo en líneas generales con lo expuesto? ¿Podría comentarlo?

2. Turnos de intervención candidato-examinador.

Ejemplos de intervención del examinador:

- Si realmente las mujeres tienen una mayor tendencia a preocuparse excesivamente, ¿cómo se explica que normalmente vivan más años?
- ¿Cree que, como dice el texto, las mujeres se implican más personal y emocionalmente?
- ¿Qué le parecen las soluciones propuestas en el artículo para salir de esta situación?
- ¿Qué diferencias psicológicas cree que hay entre hombres y mujeres?
- ¿Piensa que este tipo de artículos ayuda a los lectores?

TAREA 3

Le han pedido que seleccione una fotografía para un folleto de un balneario de lujo especializado en el tratamiento de enfermedades tales como reumatismo, artritis, bronquitis crónica, estrés, etc. La foto debe:
- Ser atractiva según el público al que va dirigida.
- Mostrar las magníficas instalaciones del balneario.
- Ser estética.

Aquí tiene las cuatro fotos. ¿Cuál debería ser la elegida? Discuta su elección con el entrevistador (4-6 minutos) hasta llegar a un acuerdo. Recuerde que puede interrumpir a su interlocutor, pedir y dar aclaraciones, argumentar.

Sugerencias para la expresión e interacción orales y escritas

Expresar intención

- *Deseamos contribuir a mejorar la salud física y psíquica de todos y para ello...*
- *Nuestro objetivo es aumentar nuestra calidad de vida, por lo que...*
- *Hemos decidido abordar el tema de la salud, ya que...*
- *Tenemos el propósito/la intención de...*

Referirnos a problemas

- *Los problemas sanitarios más graves/terribles que encontramos...*
- *La esperanza de vida en nuestra sociedad dependerá de...*
- *Los principales riesgos para la salud son...*

Aconsejar

- *Podrá disfrutar de la vida muchos años si...*
- *Lo más importante/recomendable/aconsejable es...*
- *Lo único que puedo aconsejarle/sugerirle es...*
- *Le sugeriría que...*
- *Siempre puede/podría/queda el recurso de...*
- *Las claves para mantener y mejorar su salud son...*

Dar ejemplos negativos

- *Podemos evitar que nos suceda como a...*
- *... no hubiera sufrido tanto si no...*
- *Aprendamos de los errores de los demás/ajenos para que no nos pase/suceda como a...*

Exhortar a cuidar la salud

- *Como no cuidemos/vigilemos nuestra salud...*
- *La salud es el bien más preciado.*
- *No hay bienestar ni belleza sin salud.*
- *Siga estos consejos y disfrute de...*

Mostrar interés

- *Me ha llamado la atención que...*
- *Me he decidido a escribirles porque me parece interesante que...*
- *Lo que más me ha atraído del anuncio ha sido...*

Solicitar una respuesta

- *Quedo a la espera/En espera de su respuesta antes de concertar la cita.*
- *Estoy muy interesado en realizar el test y les agradecería una pronta respuesta.*
- *Espero que me respondan pronto para poder concertar una cita lo antes posible.*

examen 3

MUNDO LABORAL

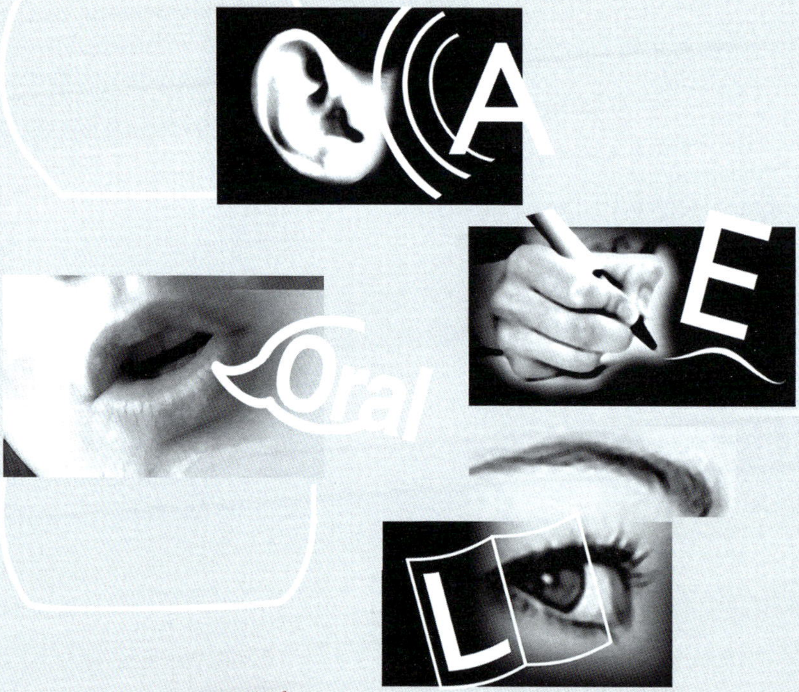

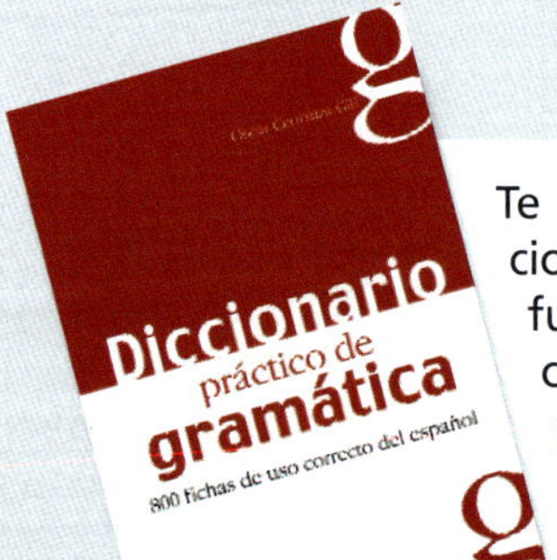

Te recomendamos este diccionario práctico para profundizar y consolidar tus conocimientos, así como para consultar dudas sobre la gramática y el uso correcto del español.

VOCABULARIO

MUNDO LABORAL

Absentismo (el) ....
Acoso laboral (el) ....
Ascenso (el) ....
Ayuda familiar (la) ....
Baja laboral (la) ....
Cese (el) ....
Curso de formación (el) ....
Desempleo (el) ....
Despido *procedente/improcedente* (el) ....
Destitución (la) ....
Días de asuntos propios (los) ....
Dimisión (la) ....
Finiquito (el) ....
Huelga (la) ....
Indemnización (la) ....
Interinidad (la) ....
Mano de obra (la) ....
Negociación (la) ....
Nómina (la) ....
Paga extraordinaria (la) ....
Paro (el) ....
Patronal (la) ....
Pensión (la) ....
Plantilla (la) ....
Pluriempleo (el) ....
Precariedad laboral (la) ....
Prestación (la) ....
Reestructuración de plantilla (la) ....
Sindicato (el) ....
Subcontrata (la) ....
Subsidio de desempleo (el) ....
Sustitución (la) ....

PERSONAS

Aprendiz/-a (el/la) ....
Asalariado/a (el/la) ....
Aspirante (el/la) ....
Autónomo/a (el/la) ....
Auxiliar (el/la) ....
Candidato/a (el/la) ....
Currante (el/la) ....
Delegado/a sindical (el/la) ....
Emprendedor/-a (el/la) ....
Empresario/a (el/la) ....
Funcionario/a (el/la) ....
Interino/a (el/la) ....
Operario/a (el/la) ....
Suplente (el/la) ....

ANUNCIOS DE TRABAJO

Agencia de colocación (la) ....
Bolsa de empleo (la) ....
Cargo (el) ....
Contrato (el) ....
- en prácticas ....
- fijo ....
- de prueba ....
Experiencia (la) ....
Jornada laboral (la) ....
Media jornada (la) ....
Plaza (la) ....
Pruebas de selección (las) ....
Puesto *directivo/ejecutivo* (el) ....
Recursos humanos (los) ....
Requisito (el) ....
Retribución (la) ....
Salario bruto/neto (el) ....
Seguridad Social (la) ....
Vacante (la) ....

VERBOS

Afiliarse ....
Asumir responsabilidades ....
Cobrar/pagar en negro ....
Coger la baja ....
Cubrir *una vacante/un puesto* ....
Currar ....
Delegar ....
Estar de baja ....
Fichar ....
Hacer horas extra ....
Ocupar un *cargo/puesto* ....
Prorrogar ....

EXPRESIONES

(No) llegar a fin de mes ....
Apretarse el cinturón ....
Arrimar el hombro ....
Comer la sopa boba ....
Hacer chapuzas ....
Manos a la obra ....
No dar palo al agua ....
Romperse los cuernos ....
Tener enchufe ....
Trabajar a destajo ....
Trabajar codo con codo ....
Trabajar como un burro ....
Vivir del cuento ....

PRUEBA 1 Comprensión de lectura y uso de la lengua

90 min Tiempo disponible para las 5 tareas.

TAREA 1

A continuación va a leer un texto sobre los contratos de trabajo. Elija la opción correcta, a), b) o c), para las preguntas 1-6.

CONTRATOS DE TRABAJO

En el momento de entrar a formar parte de una organización, la relación con la empresa debe formalizarse mediante un contrato de trabajo y es el empresario el que debe informar sobre las condiciones de prestación de la ejecución laboral, así como de los elementos esenciales del contrato.

El empresario puede ser una persona física, es decir, un empresario individual, o puede ser una persona jurídica como ocurre en el caso de las sociedades. Si se trata de una sociedad o de otra persona jurídica, estará representada por una persona individual que es con la que se ha de celebrar el contrato de trabajo. Una vez celebrado el mismo, hay ciertos trámites burocráticos necesarios que corren a cargo de la empresa contratante como son la afiliación y/o alta en la Seguridad Social (dentro de los 5 días anteriores a la fecha de comienzo del contrato) y el registro en el INEM (en los 10 días siguientes a la misma fecha).

Pueden firmar un contrato de trabajo:

- Los mayores de edad (18 años).
- Los menores de 18 años legalmente emancipados.
- Los mayores de 16 y menores de 18 con autorización paterna o de quien los tenga a su cargo. En caso de que vivan de forma independiente, es necesario el consentimiento expreso o tácito de sus padres o tutores.
- Los extranjeros de acuerdo con la legislación que les sea aplicable.

Duración del contrato de trabajo:

Un contrato de trabajo puede ser por tiempo indefinido o de duración determinada, en los supuestos en que sea posible legalmente. En principio, todo contrato de trabajo es indefinido y de jornada completa, salvo que en el contrato de trabajo se establezca lo contrario.

Periodo de prueba:

Por periodo de prueba se entiende aquel espacio de tiempo en que se comprueba la aptitud del trabajador para el desempeño de un puesto de trabajo determinado, y en consecuencia, si es conveniente o no la celebración de un contrato de trabajo.

El establecimiento de un tiempo de prueba es optativo y, de acordarse, se deberá reflejar por escrito en el contrato. La duración máxima se establecerá en los convenios colectivos, y en su defecto no excederá los 6 meses en el caso de técnicos o titulados, y 2 meses (hasta 3 meses en empresas de menos de 25 trabajadores) para el resto de los trabajadores. Durante este tiempo se estima que el trabajador tiene los mismos derechos y las mismas obligaciones que cualquier otro trabajador en ese mismo puesto.

En este periodo se podrá rescindir la relación laboral tanto por voluntad del empresario como del trabajador, sin necesidad de alegar causa alguna y sin preaviso, salvo pacto contrario, y sin que nazca para el trabajador derecho a indemnización alguna. En el caso de que se haya superado el tiempo de prueba, este computará a efectos de la antigüedad del trabajador. Sin embargo, en caso de situación de incapacidad temporal que afecte al trabajador durante el periodo de prueba se interrumpirá el cómputo del mismo, siempre que se produzca acuerdo entre ambas partes.

No se podrá establecer periodo de prueba cuando el trabajador haya ya desempeñado las mismas funciones con anterioridad en la empresa bajo cualquier modalidad de contratación.

Formalización del contrato de trabajo:

El contrato de trabajo puede legalizarse tanto por escrito como de forma oral. Sin embargo, deberá constar por escrito y según modelo oficial cuando así lo exija cualquier disposición legal y siempre en los contratos que se citan a continuación:

- A tiempo parcial, fijo discontinuo y de relevo.
- Para la realización de una obra o servicio determinado.
- De formación.
- En prácticas.
- De trabajo a domicilio.
- De inserción.
- De los trabajadores contratados en España al servicio de empresas españolas en el extranjero.
- Por tiempo determinado cuya duración sea superior a cuatro semanas.

Cada una de las partes podrá exigir que el contrato de trabajo se celebre por escrito, en cualquier momento del transcurso de la relación laboral. Una vez firmado, siempre se ha de proporcionar al trabajador una copia del mismo.

En el supuesto de que el contrato de trabajo se haya celebrado con falta de consentimiento, bajo coacciones o amenazas y también en el caso de que tuviese por objeto la realización de servicios imposibles o ilegales, no tendrá validez aunque se den todos y cada uno de los requisitos anteriores.

Adaptado de www.donempleo.com

PREGUNTAS

1. Según el texto, el contrato de trabajo:

a) No es necesario mientras se esté en periodo de prueba.
b) Obliga al propio trabajador a darse de alta en la Seguridad Social.
c) No puede ser firmado por los menores de 16 años.

2. El texto dice que si el contrato no indica lo contrario:

a) Su duración legal será temporal.
b) Los empleados con titulación trabajarán un mínimo de 6 meses.
c) No tendrá duración específica y la jornada de trabajo será íntegra.

3. El texto afirma que la relación laboral puede anularse:

a) Sin previo aviso, en compañías con menos de 25 empleados.
b) Durante el tiempo de prueba cuando alguna de las partes así lo decida.
c) Si el trabajador es menor de edad.

4. Según el texto, es necesario hacer un contrato escrito:

a) Si se trata de un contrato en prácticas.
b) Siempre que los empleados contratados sean extranjeros.
c) Cuando se trate de un trabajo fijo por tiempo indefinido.

5. El texto dice que el periodo de prueba:

a) Podrá alargarse indefinidamente.
b) Considera al trabajador como cualquiera de la plantilla con las mismas responsabilidades.
c) No cuenta para calcular la antigüedad del trabajador en una empresa.

6. Según el texto, es obligatorio estar afiliado a la Seguridad Social:

a) Sea cual sea el tipo de relación contractual.
b) Solo para los mayores de edad independientes.
c) Tras cinco días desde la fecha de inicio del contrato.

TAREA 2

A continuación va a leer un texto del que se han extraído seis fragmentos. Después, lea los siete fragmentos, a)-g), y decida en qué lugar del texto, 7-12, va cada uno. Hay un fragmento que no tiene que elegir.

Mi primer día de trabajo... resultó ser el último

No fui el primero en llegar, más bien diría que me faltó poco para ser el último, por lo que decidí ocupar una silla vacía sin mayor dilación. **7.** ____________. Un escalofrío recorrió mi interior, agaché la vista y todo lo que encontré fueron mis manos vacías. Todo había ocurrido tan deprisa que mi sola presencia en aquella enorme sala, rodeado de desconocidos, me producía una creciente sensación de náusea, de la que solo fui capaz de librarme cuando ella entró por la puerta corrediza.

Pertrechada con unos tacones de aguja que elevaban su estilizada figura por encima de los asistentes, y con un vestido de paño rojo transparente que realzaba sus ya de por sí explosivos encantos, ocupó su sillón de *directora del cotarro.*

8. ____________. Por mi parte, me encogí en mi asiento hecho un ovillo, y así permanecí largo rato, asumiendo por normal la indiferencia de los más cercanos ante mi presencia.

- Hola a todos, hoy seré breve, porque como bien sabéis, tenemos una jornada movidita.
- **9.** ____________.
- Como un ave fénix, un hombre bajito con mostacho, sentado en frente de mí, lanzó la frase como una exhalación.
- Gutiérrez, cállate, por favor, no es el momento de hacer la pelota.

10. ____________ .

- Como iba diciendo, nuestra única posibilidad es que durante esta reunión in extremis, antes de su llegada, consigamos parir alguna idea brillante que pueda paliar de algún modo el callejón sin salida en el que nos encontramos metidos. Durante la última semana no han parado de llegar a mis manos enormes cantidades de basura y ponzoña, que vosotros gentilmente no habéis dudado en enviarme. La verdad es que me habéis hecho dudar de si de verdad merece la pena la cantidad de dinero que esta casa desembolsa por vuestros servicios.

¿Quién era yo, para encabezar la acometida? Mi primera reunión, apenas conocía a nadie, ni ellos me conocían a mí. No conocía al cliente, ni lo que este trataba de vender en el mercado. **11.** ____________.
Pero mi brazo se alza impulsado por un resorte imaginario.

- ¿Quién es ese joven que ha levantado la mano? -inquiere la jefa.
- Es el nuevo, creo -responde su secretario.
- ¿Tienes algo que aportar, chaval, alguna idea? -me pregunta ella desde la distancia que esta mesa inmensa nos impone.
- Así es -respondo dubitativo.
- Pues no te la escondas, desembucha.

Me armo de valor y lanzo una idea creativa que rondaba mi cabeza desde las últimas semanas.

- Podríamos enfocar nuestra campaña haciéndonos eco de la necesidad que tiene el consumidor, en estos tiempos revueltos, de afinar sus decisiones de compra para que no le den gato por liebre. Realzando al mismo tiempo las bondades de nuestro producto sobre el de la competencia.

12. ____________.

La idea es genial -masculla entre sonrisas- si no fuera porque nuestro cliente no tiene competencia. ¡Estás despedido, coge tus cosas y lárgate!

Adaptado de www.crossfire.lacoctelera.net

FRAGMENTOS

a)

El susodicho Gutiérrez enrojeció al instante y yo esbocé una sonrisa que hice desaparecer ipso facto al comprobar que no tenía quórum.

b)

Un silencio ahogó las voces de todos aquellos que poco a poco fueron ocupando los asientos al detectar la presencia de la «jefa».

c)

No estaba al tanto de las cifras, ni qué decir del público objetivo, de las inversiones previstas, ni por supuesto de los canales que se habían previsto utilizar en la campaña.

d)

Nuestro mejor cliente amenaza con dejarnos, de nuestra reunión con él dependerá en gran medida el futuro de esta agencia. O nos vamos a la mierda o resurgimos con más brío...

e)

Sobre la larga mesa reluciente de caoba se extendían desperdigados todo tipo de informes, diagramas, gráficos y hojas repletas de datos que pertenecían a mis nuevos compañeros.

f)

¿Cómo demonios voy a pagar el alquiler?, camino mareado entre la riada de gente sin rumbo fijo. Paso al lado de un kiosco, y no puedo evitar echar un vistazo a los titulares de los periódicos.

g)

Transcurre un tiempo que a mí se me hace eterno, todas las miradas convergen hacia la cabecera de la mesa. La contemplan absortos esperando su respuesta, y esta no se hace esperar.

TAREA 3

A continuación va a leer un texto sobre el trabajo doméstico. Después, elija la opción correcta, a), b) o c), para las preguntas, 13-18.

Las trabajadoras domésticas indígenas en zonas urbanas

Los primeros estudios sobre migración femenina a las ciudades que se publicaron durante la década de los 70, cuando la movilidad de campesinas e indígenas había adquirido dimensiones masivas especialmente en México (y otros países de América del Sur), pusieron de manifiesto las condiciones económicas, el empobrecimiento del campo, la dinámica del mercado de trabajo en estas zonas y el trato discriminatorio hacia estas mujeres.

En un contexto de pobreza y escasas oportunidades laborales y educativas, las mujeres indígenas jóvenes y solteras encontraron en el empleo doméstico un mecanismo para insertarse en la ciudad, aunque fuera de manera precaria. A cambio de su trabajo, tenían techo y comida y recibían un salario que les permitía contribuir a la economía en su comunidad de origen. En esta situación estaban, mayoritariamente, aquellas que no contaban en la ciudad con una red de apoyo mediante la cual resolver costos de estancia y alimentación y que se insertaban por primera vez en el mundo laboral, ya que de esta forma podían ahorrar los gastos de hospedaje y alimentación. Sin embargo, esta forma representaba un aislamiento para ellas, ya que tejer redes de amistad y solidaridad fuera del hogar donde trabajaban podía resultar complicado.

Una de las dificultades que encontraban estas mujeres (migrantes o no) era que el contacto para su contratación se solía realizar a través de familiares y amigas. Sin embargo, al no tener estos contactos, la búsqueda de empleo tenía muchas más dificultades porque la mayoría de las mujeres que migraban a la ciudad por primera vez no contaba con documentos o cartas de recomendación que las avalasen.

Otra de las dificultades que determinaba el trabajo de estas mujeres era que al tratarse de tareas domésticas existía el prejuicio de que ellas, por el hecho de ser mujeres, sabían realizar estas actividades de forma natural, y que no se requería ni capacitación ni preparación para ello. Sin embargo, como muestran muchos testimonios, para desarrollar labores domésticas en viviendas de una clase social y origen étnico diferente al propio, las empleadas tenían que reaprender las actividades que en algunos casos ya realizaban en sus hogares, pero que en otros resultaban nuevas. No hay que olvidar que las exigencias en el trabajo y las formas de hacer las tareas están estrechamente vinculadas a una interpretación cultural y a los patrones de consumo, lo cual implica tener que desarrollar nuevas destrezas y conocimientos e incluso, en el caso de las mujeres monolingües, el uso del español como lengua de comunicación.

Muchas veces, a esta dificultad había que añadir la de aquellas mujeres analfabetas (en su mayoría indígenas) que tenían que enfrentarse a diferentes problemas como no saber usar determinados aparatos eléctricos o no saber para qué eran los productos de limpieza por no poder leer las instrucciones. A ello hay que sumar, en muchos casos, la falta de conocimiento suficiente de la lengua, lo que trajo importantes repercusiones en la comunicación con la familia empleadora, así como en el desarrollo de las tareas que se realizaban fuera del hogar, como el pago de servicios en el banco o la compra de productos en el mercado, etc. Todas estas actividades de comunicación exigen un buen manejo del idioma y conocer sus códigos y normas.

Además, prácticamente todas las empleadas del hogar se incorporaban al mercado laboral a temprana edad, entre los 8 y los 16 años, lo cual obstaculizaba la igualdad real de oportunidades en el acceso a la educación y en el desarrollo de su identidad, ya que veían afectado su desarrollo físico, intelectual y emocional en un contexto laboral adverso al cual habían llegando debido a condiciones familiares desfavorables.

A pesar de todo lo dicho anteriormente, el trabajo que desempeñaban y desempeñan estas mujeres es necesario para el desarrollo de la vida productiva y económica del país y de las familias.

Adaptado de www.conapred.org.mx

PREGUNTAS

13. Según el texto, las jóvenes indígenas que se desplazaban a las ciudades:
- **a)** Encontraban allí la ocasión de formarse educativa y laboralmente.
- **b)** Servían en los hogares como recurso para huir de la pobreza en sus lugares de origen.
- **c)** Ofrecían su trabajo a cambio de techo y comida.

14. El texto dice que estas trabajadoras se colocaban más fácilmente:
- **a)** Si eran jóvenes indígenas solteras.
- **b)** Cuando disponían de conocidos en los lugares donde buscaban empleo.
- **c)** Cuando no podían pagar su propio mantenimiento.

15. Según el texto, una de las ventajas de este tipo de ocupación es que:
- **a)** Permite la mejora económica de las comunidades de origen de las mujeres.
- **b)** Resuelve la situación de soledad de las trabajadoras del sector.
- **c)** Posibilita la creación de redes de apoyo para las empleadas domésticas.

16. En el texto se dice que las mujeres:
- **a)** Estaban capacitadas naturalmente para realizar las tareas domésticas.
- **b)** No necesitaban aprender el trabajo, pues ya lo hacían en sus lugares de origen.
- **c)** Debían adaptarse a nuevos comportamientos y formas de realizar las labores del hogar.

17. Según el texto, las mujeres analfabetas que realizaban estos trabajos:
- **a)** Pertenecían casi todas ellas a la raza india originaria del país.
- **b)** No tenían problemas, siempre y cuando hablasen español.
- **c)** Solo encontraban dificultades para realizar tareas fuera del hogar.

18. El texto afirma que casi todas las trabajadoras en el sector doméstico:
- **a)** Empezaban a trabajar antes de haber alcanzado la mayoría de edad.
- **b)** Se dedican a esta ocupación debido a sus carencias físicas o intelectuales.
- **c)** Buscaban escapar de sus familias emigrando a las ciudades.

TAREA 4

A continuación va a leer varios comentarios relacionados con el ámbito laboral. Elija el texto, a)-f), que corresponde a cada enunciado, 19-26. Hay textos que deben ser elegidos más de una vez.

a) En la enseñanza del periodismo digital existe un elemento clave que exige un adecuado planteamiento didáctico para que su aprendizaje sea correcto: las herramientas de *software* para la producción de contenidos. Por ello, *Aprendiendo a utilizar las herramientas del periodismo digital* parte de la experiencia del autor en este ámbito docente para proponer estrategias de aprendizaje adaptadas a entornos virtuales y presenciales. El primer paso es definir los objetivos generales de la formación del periodista digital para poner en contexto qué finalidad debe tener el aprendizaje del uso del *software*. Se defiende que el periodista digital ha de tener un conocimiento suficiente, pero no necesariamente experto de las herramientas, porque su responsabilidad profesional es la concepción y dirección de los proyectos de comunicación digital, pero no su ejecución completa.

b) Uno de los retos más importantes que ha de resolver el adolescente es la toma de decisiones sobre su futuro profesional. No es una tarea fácil, ya que de ello dependerá que elija el camino con el que se sienta realizado a corto y a largo plazo. Para decidir adecuadamente, los adolescentes necesitan conocer sus aptitudes, sus intereses o aspiraciones y su manera de ser y de comportarse. Conocerse a sí mismo es un elemento fundamental para decidir sobre su futura actividad laboral o los estudios que cursará, pero a su vez los rasgos que definen su persona actual son susceptibles de cambio. En *De 13 a 17 años: El adolescente ante su futuro profesional* se habla de este momento crucial que reclama la atención de los padres, los cuales deberán prestarle ayuda para escoger la formación que más se adecue a sus expectativas en la vida.

c) En los inicios del tercer milenio, el mundo acumula un enorme caudal de conocimientos y tecnologías que, conjuntamente con los que están por descubrir, hacen imposible que el hombre pueda apropiarse de ellos, por lo que se necesita una educación que se base en los pilares básicos: aprender a ser, aprender a hacer, aprender a aprender y aprender a convivir. En *Un concepto muy comprometido: Competencias laborales* se aborda el concepto de *competencia laboral* desde el punto de vista empresarial, psicológico y del diseño curricular, fundamentalmente en el proceso de formación por competencias laborales para técnicos medios, aunque puede extenderse a todo tipo de profesionales.

d) Si la reinserción a la vida civil fue un proceso traumático para los combatientes en general, para la mujer reinsertada lo fue mucho más si se reconoce la prevalencia de un contexto sociocultural que mantiene la inequidad de las relaciones de género. En *Rol de la mujer insertada en los escenarios político, económico y familiar* se estudia a esta mujer, desarmada y desprovista de su papel revolucionario que tiene que competir en un nuevo terreno poco favorable para su participación política. Esta mujer, desprovista de las armas que en el pasado le dieron una dimensión diferente a la que le daba su rol tradicional y envuelta ahora en la complicada trama de recomponer su vida afectiva, familiar y laboral, se ve ahora enfrentada a un mundo que le sigue siendo hostil.

e) Las personas que asumen el liderazgo gerencial de una organización son los responsables de dirigir todas aquellas actividades que ayudan a las organizaciones a alcanzar sus metas. En *Liderazgo gerencial y nivel de responsabilidad*, se dice que la característica fundamental de un buen gerente es la medida de la eficiencia y la eficacia que este tenga para lograr las metas de la organización. Es también la capacidad que tiene de reducir al mínimo los recursos usados para alcanzar los objetivos de la organización (hacer las cosas bien) y la capacidad para determinar los objetivos apropiados (hacer lo que se debe hacer). Una buena gerencia es responsable del éxito o no de una empresa cuando ella es requerida, y este requerimiento tiene lugar siempre que exista un grupo de individuos con objetivos determinados.

f) La llegada del siglo XXI nos plantea una nueva inquietud: El fin del trabajo, como define Jeremy Rifkin en su libro al reemplazo del trabajo del hombre por el de las máquinas. Si bien este proceso no es nuevo, ya que a partir de finales del siglo XVIII la Revolución Industrial trajo situaciones parecidas, nunca antes como en estos tiempos la tecnología ha ocupado un papel tan destacado en cuanto a la posibilidad cierta de eliminar o reinventar tareas y ocupaciones. Nunca antes en la historia se eliminan más tareas de las que se inventan, nunca antes este fenómeno afectó a la misma generación.

Adaptado de varias fuentes

ENUNCIADOS

19. En este texto se habla de la relevancia de los directivos en las empresas.	a)	b)	c)	d)	e)	f)
20. En este artículo se destaca la convivencia entre técnicos.	a)	b)	c)	d)	e)	f)
21. El profesional del que se habla no tiene por qué ser un técnico en determinados conocimientos.	a)	b)	c)	d)	e)	f)
22. En este texto se alude al desequilibrio social de géneros.	a)	b)	c)	d)	e)	f)
23. El artículo hace referencia al papel de la tecnología en un proceso que se viene desarrollando hace tiempo.	a)	b)	c)	d)	e)	f)
24. En este libro se alude a la participación de los progenitores en la orientación de sus hijos.	a)	b)	c)	d)	e)	f)
25. Los consejos de este estudio pueden servir a los que desempeñan sus responsabilidades en todo tipo de disciplinas.	a)	b)	c)	d)	e)	f)
26. Según el texto, la optimización de recursos es fundamental en una buena dirección.	a)	b)	c)	d)	e)	f)

TAREA 5

A continuación va a leer un texto sobre una determinada profesión. Elija la opción correcta, a), b) o c), para completar los huecos, 27-40.

Tomar el mando en el trabajo

Dedicarse a probar videojuegos es una profesión que puede desempeñarse de forma ____**27**____ o fija. Pese a que pueda parecer un trabajo ideal para ____**28**____ le guste estar al mando de una consola, se trata de una labor exigente que solo tiene de lúdico el material que estos profesionales tienen entre manos.

Hay dos tipos de probadores: los *LT testers*, que se encargan de reportar los errores lingüísticos del juego en sus respectivos lenguajes nativos, y los *Certification testers*, que se aseguran de que los títulos cumplen con todos los ____**29**____ técnicos y de calidad que las empresas exigen para publicar juegos en sus respectivas plataformas. Más tarde, cada ____**30**____ realiza su propio testeo. Esta labor consiste en encontrar posibles fallos de desarrollo en el juego, llevando el videojuego a todas las situaciones posibles varias veces. Electronic Arts (EA), una de las más importantes empresas en el sector de los videojuegos del mundo, cuenta en Madrid con el mayor centro de probadores de videojuegos de Europa. Desde allí unos 200 empleados prueban videojuegos en 19 idiomas, aunque en épocas de alta concentración de proyectos pueden llegar a los 300. El año pasado se analizaron 420 versiones. Un recién iniciado gana cerca de 800 euros al mes de media, aunque el sueldo varía ____**31**____ la compañía para la que trabaje.

Iñigo Luzuriaga es un técnico audiovisual y fue «la suerte y saber inglés» lo que le llevó a ____**32**____ este trabajo. «Lo mejor de esta profesión es el trabajo en ____**33**____ con gente de toda Europa y parte de América», dice Luzuriaga. El perfil de estos trabajadores es de gente de entre 25 y 30 años que sabe inglés y a la que le gustan los juegos electrónicos. Para Luzuriaga, ____**34**____ más difícil es el escaso tiempo para completar la tarea.

La ____**35**____ de nuevas plataformas, como teléfonos móviles y redes sociales, hace que la demanda de estos profesionales siga ____**36**____ alta. Un alto nivel de inglés es el único requisito imprescindible.

Eduardo Varela define lo que, en su opinión, es un buen probador: «Lo principal es que ____**37**____ que trabaja testeando, no jugando. Tiene que tener una atención al detalle enorme, ser metódico, concienzudo y tener una gran capacidad ____**38**____ para reportar todos los fallos que encuentre de la forma más clara y detallada posible. Y por supuesto, un excelente nivel de inglés».

Al margen de los profesionales del sector, las empresas también aprovechan las ferias especializadas para llevar sus videojuegos y dejar que los jóvenes los ____**39**____. Ahora bien, siempre están ____**40**____ para asegurarse de que no hacen copias del producto, maniobra que haría perder millones de euros a la compañía. Su opinión es necesaria, pero conseguirla puede ser un asunto delicado.

Adaptado de www.elpais.com

Opciones

27.	**a)** espontánea	**b)** esporádica	**c)** estrafalaria
28.	**a)** los que	**b)** el cual	**c)** quien
29.	**a)** requisitos	**b)** requisiciones	**c)** requerimientos
30.	**a)** fabricante	**b)** gerente	**c)** director
31.	**a)** al tenor de	**b)** en función de	**c)** según y como
32.	**a)** emplear	**b)** requisar	**c)** desempeñar
33.	**a)** equipo	**b)** comandita	**c)** asociación
34.	**a)** el	**b)** lo	**c)** ello
35.	**a)** incursión	**b)** interrupción	**c)** irrupción
36.	**a)** a ser	**b)** de ser	**c)** siendo
37.	**a)** sabe	**b)** sepa	**c)** haya sabido
38.	**a)** descriptiva	**b)** imaginativa	**c)** sensorial
39.	**a)** prueban	**b)** prueben	**c)** probarán
40.	**a)** vigilados	**b)** encerrados	**c)** guardados

Anote el tiempo que ha tardado:

Recuerde que solo dispone de **90 minutos**

PRUEBA 2 Comprensión auditiva y uso de la lengua

50 min Tiempo disponible para las 4 tareas.

CD I Pista 11

TAREA 1

A continuación escuchará una conferencia sobre el mobbing *en la que se tomaron las siguientes anotaciones. La oirá dos veces. Después, elija para cada anotación, 1-6, la palabra o fragmento correspondiente entre las doce opciones, a)-l), que se le ofrecen.*

ANOTACIONES

1. Según el conferenciante muchos de los ejemplos que se citan en su libro no han ocurrido solo en ______________ .

2. Algunas empresas, para no pagar lo estipulado en caso de despido, presionan al trabajador hasta que pide ______________.

3. Algunos altos ejecutivos se sienten amenazados por ______________ de los que tienen a su cargo.

4. Quienes sufren violencia de género o *mobbing* pueden llegar a convertirse en ______________ .

5. La falta de ______________ entre los trabajadores y/o superiores puede ser una de las causas de *burnout*.

6. Problemas de salud, depresiones y ______________ son consecuencias del sentimiento de culpa provocado por el *burnout*.

a) trato personal
b) autómatas
c) el despotismo y la tiranía
d) las expectativas personales
e) una actitud de resignación
f) deprimidos
g) absentismo laboral
h) la eficiencia y profesionalidad
i) empresas anónimas
j) la intención de las agresiones
k) la baja voluntaria
l) pautas de comportamiento

CD I Pista 12

TAREA 2

A continuación escuchará cuatro conversaciones. Oirá cada una dos veces. Después, seleccione la opción correcta, a), b) o c), para cada pregunta, 7-14.

PREGUNTAS

CONVERSACIÓN 1

7. Según la conversación, Marcos:
- **a)** Va a dejar de trabajar.
- **b)** Está desempleado.
- **c)** Va a ser padre.

8. Sobre su mujer, María le pregunta por:
- **a)** El tiempo que lleva trabajando
- **b)** El motivo de su cese laboral.
- **c)** El periodo de baja maternal.

CONVERSACIÓN 2

9. La primera oferta de trabajo:
- **a)** Es de seis meses de duración.
- **b)** No requiere estudios universitarios.
- **c)** Ofrece un contrato a tiempo parcial.

10. Juana no enviará su currículum a la segunda oferta porque:
- **a)** Prefiere jornada completa.
- **b)** No cumple los requisitos.
- **c)** Quiere dejar los estudios.

CONVERSACIÓN 3

11. La mujer va a la consejería de Educación para:
- **a)** Quejarse de la situación de los interinos.
- **b)** Informarse sobre las próximas oposiciones.
- **c)** Saber si tiene derecho a cobrar el paro.

12. El hombre le recomienda:
- **a)** Renunciar a la vacante.
- **b)** Pedir más información en otra oficina.
- **c)** Rechazar el subsidio.

CONVERSACIÓN 4

13. La librería que se menciona:
- **a)** Va a cambiar de dueño.
- **b)** Será alquilada por otras personas.
- **c)** Va a ser subastada por quiebra.

14. La abogada dice que el hermano:
- **a)** Tiene derecho a ser indemnizado.
- **b)** Debería buscar otra cosa mejor.
- **c)** Puede seguir trabajando en las mismas condiciones.

CD I
Pista 13

TAREA 3

A continuación escuchará una entrevista con un experto en desarrollo de marcas. La oirá dos veces. Después, seleccione la opción correcta, a), b) o c), para cada pregunta, 15-20.

PREGUNTAS

15. Andrés lleva más de 15 años como:
- **a)** Experto en la idea de marca personal.
- **b)** Encargado de transacciones comerciales entre grandes empresas.
- **c)** Redactor de contenidos en revistas de consumidores.

16. Andrés encontró el concepto de *marca personal:*
- **a)** Adelantándose a una idea americana.
- **b)** Haciendo aumentar la demanda.
- **c)** Revalorizando el trabajo de profesionales como él.

17. El entrevistado considera que el secreto de su éxito consiste en:
- **a)** Haberse implicado personalmente.
- **b)** Ser un buen consejero.
- **c)** Tener una gran experiencia previa.

18. La actitud de Andrés ante los propios errores es:
- **a)** Negativa.
- **b)** Positiva.
- **c)** Indiferente.

19. Ante las propuestas de Andrés, muchos directivos responden con:
- **a)** Recelo.
- **b)** Aceptación incondicional.
- **c)** Solidaridad.

20. Muchos profesionales, al principio:
- **a)** Aceptaban abiertamente las nuevas ideas.
- **b)** Recuperaban poder frente a las instituciones.
- **c)** Malinterpretaban el significado de los conceptos.

CD I Pista 14

TAREA 4

Usted va a escuchar diez breves diálogos. Escuchará cada uno dos veces. Después, seleccione la opción correcta, a), b) o c), para cada pregunta, 21-30.

DIÁLOGO 1

21. A Pepe no le han dado el puesto por tener:
- **a)** Notas más bajas.
- **b)** Escasa experiencia.
- **c)** Menos conocimientos.

DIÁLOGO 2

22. La mujer de Mario:
- **a)** Tiene mucho trabajo.
- **b)** Está de vacaciones.
- **c)** Está sin trabajo.

DIÁLOGO 3

23. Carmen estaba:
- **a)** Demasiado cualificada.
- **b)** Enchufada.
- **c)** Poco cualificada.

DIÁLOGO 4

24. El interlocutor de la mujer:
- **a)** Está libre.
- **b)** Está desanimado.
- **c)** Tiene que trabajar.

DIÁLOGO 5

25. El conocido de Ángel:
- **a)** Es un fontanero profesional.
- **b)** Hace pequeñas reparaciones.
- **c)** Es una buena persona.

DIÁLOGO 6

26. Jaime entiende de:
- **a)** Comercio.
- **b)** Ordenadores.
- **c)** Construcción.

DIÁLOGO 7

27. Este año, Inés:
- **a)** Está desempleada.
- **b)** Está de vacaciones.
- **c)** Solo trabaja los sábados.

DIÁLOGO 8

28. El compañero de la primera persona es:
- **a)** Un empresario.
- **b)** Un operario.
- **c)** Un vago.

DIÁLOGO 9

29. La mujer quiere que Gerardo:
- **a)** Ordene su habitación.
- **b)** Colabore en una actividad.
- **c)** Haga un poco de deporte.

DIÁLOGO 10

30. Ana le propone a su amiga que:
- **a)** Cuide niños.
- **b)** Dé clases privadas.
- **c)** Visite Australia.

Anote el tiempo que ha tardado:

Recuerde que solo dispone de **50 minutos**

PRUEBA 3 C. auditiva y expresión e interacción escritas

80 min Tiempo disponible para las 2 tareas.

CD I Pista 15

TAREA 1

A continuación escuchará la primera parte de un informe sobre la entrevista de trabajo. Lo escuchará dos veces. Después, redacte una argumentación (220-250 palabras) recogiendo los puntos principales y exprese de forma justificada su punto de vista. Durante la audición puede tomar notas.

TAREA 2

Elija una de las siguientes opciones y redacte un texto formal (220-250 palabras) según las indicaciones que se le dan en cada opción.

Opción 1

Usted busca trabajo y ha visto el siguiente anuncio en una web de empleo:

PRILASUR, multinacional del sector científico-sanitario, busca para delegación en Andalucía ingeniero técnico de Prevención de Riesgos Laborales

Perfil:
Personas dinámicas, con capacidad de liderazgo y superación, que quieran involucrarse en un proyecto de gran desarrollo profesional y personal.

Ofrece:
- Salario fijo + incentivos.
- Jornada completa.

Requisitos:
- Licenciado, arquitecto o ingeniero.
- Especialidad: Ciencias Ambientales.
- Experiencia: entre 1 y 3 años.
- Disponibilidad para viajar.
- Imprescindible informes.

Interesados enviar currículum con carta de solicitud a: procesorrhhseleccion@gmail.com

Escriba una carta solicitando el puesto. En ella deberá mencionar:
- Lugar y fecha del anuncio.
- Formación académica.
- Su experiencia profesional.
- Motivos por los que solicita el puesto.
- Razones por las que piensa que es el mejor candidato.

Opción 2

Usted es el antiguo jefe del candidato al puesto de la Opción 1. Escriba un informe recomendando al candidato. En él debe:
- Identificarse.
- Describir las cualidades positivas y aptitudes de la persona recomendada.
- Opinar sobre el papel que podría desempeñar el candidato en ese puesto.
- Información de contacto disponible (teléfono, dirección de *e-mail*, etc.).

Anote el tiempo que ha tardado:

Recuerde que solo dispone de **80 minutos**

PRUEBA 4 C. de lectura y expresión e interacción orales

20 min Tiempo disponible para las 3 tareas.

20 min Tiempo de preparación.

TAREA 1

Usted debe hacer una presentación oral (3-5 minutos) sobre el siguiente texto. Su exposición debe incluir los siguientes puntos:

- *Tema central.*
- *Ideas principales y secundarias.*
- *Comentario sobre ideas principales.*
- *Intención del autor si procede.*

Puede tomar notas y consultarlas, pero no puede hacer una lectura de las mismas.

Inserción laboral juvenil

Hoy en día es habitual que los jóvenes tengan dificultades para encontrar un trabajo, que consigan un empleo temporal, que cobren salarios bajos, o estén disconformes con su puesto y quieran cambiar de ocupación. Es frecuente también que, frente a estas dificultades, se queden muchos años en la casa familiar o retrasen las uniones conyugales y la maternidad. También es frecuente que otros abandonen los estudios, se dediquen a hacer trabajos esporádicos, o simplemente no hagan nada. Entre ambas situaciones media una fuerte distancia social.

Las dificultades laborales y la mayor desigualdad en la condición social de los jóvenes son fenómenos que se han desarrollado en el contexto de las transformaciones sociales y económicas de principios del siglo XXI. Unas décadas atrás, y durante la vigencia de las sociedades de pleno empleo, los jóvenes eran jóvenes durante un periodo temporal más limitado, y tendían a transitar por esta etapa en trayectorias menos desiguales y más estructuradas. Primero se estudiaba, luego se conseguía un trabajo y posteriormente se formaba una familia.

Durante la segunda mitad del siglo XX, se pensaba que la juventud era un periodo de preparación para la asunción de roles sociales adultos. Es decir, era un espacio temporal de moratoria social o espera que experimentaban algunos grupos sociales, mientras que otros pasaban de la condición de niños a la de adultos (sin vivir la juventud). La idea de moratoria estaba muy asociada a la preparación dentro del ámbito escolar, razón por la cual las nociones de juventud se correspondían con las imágenes de estudiantes, sobre todo de la educación secundaria. En esos años, se era joven en la medida en que se era estudiante. La situación frente al empleo era muy diferente dado que la desocupación no era un fenómeno masivo. Así, era común escuchar: «En esta casa, el que no estudia se va a trabajar», como un reclamo de las familias de clase media hacia aquellos jóvenes que tenían problemas en los estudios. Frente a ese reclamo, algunos jóvenes abandonaban la educación secundaria y se integraban al mercado laboral a partir de los 16 años de edad, en los puestos de menor calificación de la estructura ocupacional.

A principios del siglo XXI, la situación social experimentó una fuerte transformación, y con ella, la percepción sobre la juventud se modificó sustancialmente. En la actualidad no es socialmente aceptable que los jóvenes abandonen la educación antes de los 16 años. Por el contrario, en la actualidad se considera que el mejor lugar para los menores de 18 años es la escuela secundaria.

En estos años, las transiciones hacia la edad adulta han adquirido una creciente complejidad por su extensión, su heterogeneidad y su menor estructuración. Los procesos de transición a la vida adulta se desarrollan de una forma no lineal, y distintos episodios pueden estar superpuestos, y/o ser reversibles. Por ejemplo, los jóvenes, en el transcurso de su juventud, pueden encontrar un empleo y seguir viviendo en su casa familiar (porque no les alcanza para independizarse o porque prefieren vivir con sus padres) o experimentar la vida en pareja y quizá volver después a «la casita de los viejos». Pueden también rotar por distintos tipos de empleo, cambiar la orientación de sus estudios, etc., es decir, experimentar cambios que marcan el final de las trayectorias socialmente estructuradas.

Las tendencias hacia la mayor diversidad de las formas de vivir la juventud son contemporáneas a los denominados procesos de individuación. En este sentido, los estudios argumentan que los jóvenes han tendido a convertirse en administradores de su propia biografía. Más aún, frente a la desinstitucionalización de la vida social, las nuevas generaciones van armando recorridos a partir de una secuencia de eventos individuales, que muchas veces no logran articular un proyecto de largo plazo. En este sentido, se ha señalado que estos recorridos se construyen en un clima de mayor autonomía emocional y mayor dependencia familiar. Lo cual llena de perplejidad a los adultos, que muchas veces no podemos entender las opciones que los jóvenes eligen, o por qué a veces son tan frágiles y a veces tan autosuficientes.

En este contexto, y frente a los crecientes riesgos a los que están expuestos los jóvenes, las ideas de trayectorias fallidas y exclusión juvenil se han difundido significativamente en estudios de América Latina y Europa. Sin embargo, más allá de los procesos comunes, existe una serie de particularidades locales del tránsito de los jóvenes hacia la vida adulta. Estas especificidades están asociadas a los diferentes impactos de la globalización, las tradiciones educativas, la configuración de los mercados laborales, y las políticas de juventud y empleo, entre otros fenómenos. Todas ellas vuelven vanos los diagnósticos, y/o intervenciones sacadas del contexto en donde se produce la inserción laboral juvenil.

Adaptado de www.trabajo.gov.ar

NOTAS

TAREA 2

Usted debe mantener una conversación con el entrevistador (4-6 minutos) sobre el tema del texto de la Tarea 1. En la conversación debe:
- Dar su opinión personal sobre el tema.
- Justificar su opinión con argumentos.
- Rebatir, si procede, las opiniones que exprese su interlocutor.

MODELO DE CONVERSACIÓN

1. Opinión del candidato y justificación.

¿Cuál es su opinión respecto a este tema? ¿Podría comentarla?

2. Turnos de intervención candidato-examinador.

Ejemplos de intervención del examinador:

- ¿Qué edad cree que es la más adecuada para que una persona que no quiere estudiar deje de hacerlo?
- ¿Qué medidas/programas deberían de adoptar los gobiernos hacia aquellos que dejan de estudiar a los 16 años y no pueden trabajar hasta los 18?
- ¿Considera que la problemática que se menciona en el texto se produce a nivel global?
- ¿Cómo ve el futuro laboral de los jóvenes dentro de unos años?
- ¿Qué edad cree que es la más aconsejable para formar una familia? ¿Y para abandonar el hogar familiar?

TAREA 3

Usted ha comprado un local de 80 m^2 con un socio en un nuevo centro comercial. Decida el tipo de tienda que va a abrir, teniendo en cuenta que del negocio se ocuparán su hijo de 25 años y la hija de su socio, de 28. A la hija de su socio le gustaría algo relacionado con la juventud, pero que no necesitara mucha dedicación. A su hijo le gusta la música y prefiere algo que no suponga mucho esfuerzo físico.
Discuta con su socio (el entrevistador) para llegar a un acuerdo sobre una de las cuatro opciones que se le ofrecen. Recuerde que puede interrumpir a su interlocutor, discrepar, pedir y dar aclaraciones, argumentar, etc.

La carta de presentación

- *El currículum vítae debe ir acompañado de la carta de presentación (de respuesta a un anuncio o de autocandidatura) cuyo objetivo es dar una buena imagen y conseguir participar en el proceso de selección y/o en la entrevista.*

- *Ten en cuenta que debe:*
  - *Ser personal y dirigirse al director/-a de Recursos Humanos, o a la entidad encargada del proceso de selección.*
  - *Reflejar que cumples los requisitos y que eres la persona idónea para el puesto.*
  - *Responder a una oferta concreta. Ha de ser personal y convincente. No hay que usar fotocopias.*
  - *Ser breve: un folio, como máximo y no más de tres o cuatro párrafos.*

- *Contenidos:*
  - *Datos personales: nombre, apellidos, dirección completa, teléfonos de contacto y dirección de e-mail.*
  - *Datos de la empresa: nombre y dirección completa. Si conoces alguna persona de contacto en la empresa, incluye sus datos. Muchas empresas en prensa ocultan sus datos, en este caso, incluye la referencia que figura en la oferta de empleo.*
  - *Lugar y fecha.*
  - *Saludo: si hay persona de contacto, el saludo debe ir personalizado, si no, será general. Si es una carta de autocandidatura, te debes dirigir al máximo responsable del departamento de personal.*
  - *Motivo: deja claro el motivo de tu carta y cita la fuente de información y la fecha en que has visto la oferta de empleo. Si la carta es autocandidatura, resalta la razón por la que te interesa esa empresa.*
  - *Idoneidad para el puesto: explica a qué puesto de trabajo deseas optar y cuáles son los aspectos que más destacan en ti, en relación a ese puesto, y presenta una visión positiva. Si en la oferta requieren alguna referencia para el puesto de trabajo, debes incluirla aquí. Si adjuntas CV, menciónalo.*
  - *Despedida: será breve y sencilla.*
  - *Firma: incluye tu nombre, apellidos y tu firma. Recuerda que no hay posdatas.*

Saludo

- *La carta se dirige a una persona:*
  - *Señor/-a:*
  - *Estimado/a señor/-a:*
- *La carta se dirige a una sociedad:*
  - *Señores:*
  - *Estimados señores:*

Despedida

- *Atentamente,*
- *Cordialmente,*
- *Le saluda muy cordialmente,*
- *Quedo a su disposición y aprovecho para saludarte atentamente.*

examen 4

CIENCIA, TECNOLOGÍA, TRANSPORTES

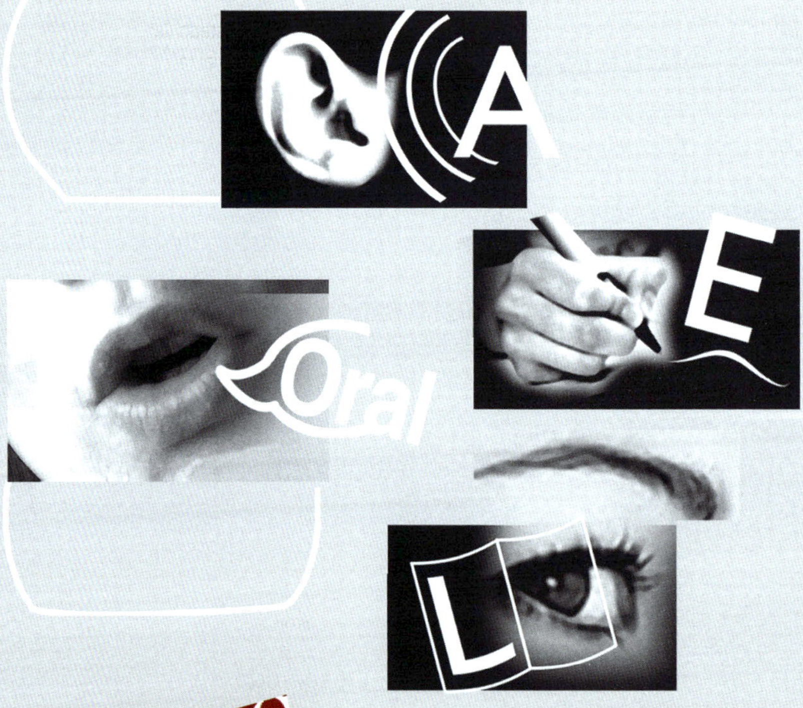

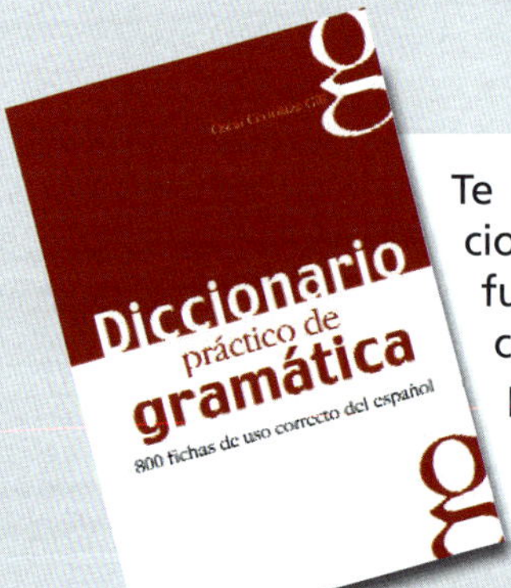

Te recomendamos este diccionario práctico para profundizar y consolidar tus conocimientos, así como para consultar dudas sobre la gramática y el uso correcto del español.

VOCABULARIO

CIENCIA

Año luz (el) ....
Astronomía (la) ....
Atmósfera (la) ....
Deducción (la) ....
Estación espacial (la) ....
Experimento (el) ....
Física (la) ....
Hipótesis (la) ....
Órbita (la) ....
Planeta (el) ....
Química (la) ....
Satélite (el) ....
Sonda espacial (la) ....
Trayectoria (la) ....

TRANSPORTES

Arcén (el) ....
Área de servicio (el) ....
Asfalto (el) ....
Autovía (la) ....
Avería (la) ....
Carril (el) ....
Carrocería (la) ....
Chaleco salvavidas (el) ....
Chapa (la) ....
Dársena (la) ....
Estación de servicio (la) ....
Expedición (la) ....
Gasolinera (la) ....
Marchas (las) ....
Muelle (el) ....
Peaje (el) ....
Pista de aterrizaje (la) ....
Puerta de embarque (la) ....
Reparación (la) ....
Repuesto (el) ....
Salida de emergencia (la) ....
Surtidor (el) ....
Vehículo (el) ....

Verbos

Adelantar ....
Aparcar ....
Arrancar ....
Atracar ....
Cometer (una infracción) ....
Hacer (una maniobra) ....
Matricular (un vehículo) ....
Naufragar ....
Poner (rumbo a) ....
Recurrir (una multa) ....
Tomar (una curva) ....

MEDIOS DE TRANSPORTE

Autocar (el) ....
Avioneta (la) ....
Barca (la) ....
Carro (el) ....
Furgoneta (la) ....
Guagua (la) ....
Transatlántico (el) ....
Trolebús (el) ....
Velero (el) ....
Yate (el) ....

TECNOLOGÍA

Almacenamiento (el) ....
Ancho de banda (el) ....
Aplicación (la) ....
Atributo (el) ....
Avatar (el) ....
Barra de estado (la) ....
Cable coaxial (el) ....
Caudal (el) ....
Conexión (la) ....
Contraseña (la) ....
Directorio (el) ....
Extensión (la) ....
Foro (el) ....
Estandarización (la) ....
Herramienta digital (la) ....
I+D ....
Inalámbrico (el) ....
Infomanía (la) ....
Innovación (la) ....
Libro electrónico (el) ....
Módem (el) ....
Nombre de usuario (el) ....
Patente (la) ....
Pixel (el) ....
Proveedor (el) ....
Red social (la) ....
Servidor (el) ....
Sistema operativo (el) ....
Tableta (la) ....
Tecnología punta (la) ....

EXPRESIONES

Cantar las cuarenta a alguien ....
Como caído del cielo ....
Cruzarse los cables ....
Ir viento en popa ....
No ser nada del otro mundo ....
Poner algo a caer de un burro ....

PRUEBA 1

Comprensión de lectura y uso de la lengua

90 min Tiempo disponible para las 5 tareas.

TAREA 1

A continuación va a leer un contrato de compraventa de un vehículo. Elija la opción correcta, a), b) o c), para cada una de las preguntas, 1-6.

CONTRATO DE COMPRAVENTA DE VEHÍCULO USADO

ESTIPULACIONES

PRIMERA.- La mercantil ...., en la representación que ostenta, VENDE a D. ...., que COMPRA el vehículo reseñado en el Exponiendo I de este documento, en el estado técnico y de conservación que se refleja en el ANEXO de garantía del presente contrato, circunstancias que han sido determinantes en la adquisición y en el precio de compraventa. El precio de la citada compraventa, teniendo en cuenta las características del vehículo, el estado en que se encuentra, su antigüedad y kilometraje, se PACTA de común acuerdo en .... €, impuestos incluidos, abonándose en este acto la totalidad del mismo.

SEGUNDA.- La vendedora, en este acto, hace entrega al comprador del automóvil objeto de la presente compraventa, libre de cargas y gravámenes de cualquier tipo, haciéndose este último responsable desde la fecha del presente documento, de cuantas cuestiones pudieran derivarse del uso o posesión del mismo, incluidas responsabilidades y sanciones de cualquier tipo.

TERCERA.- El plazo de garantía legal según establece la ley 23/2003 de garantías en la venta de bienes de consumo es de 12 MESES, a partir de la fecha de la entrega del vehículo. El beneficiario de esta garantía es el comprador y usuario final del vehículo mencionado en el presente contrato de compraventa. La presente garantía legal es intransferible, otorgándose exclusivamente al titular mencionado por su condición de comprador del vehículo y consumidor final, por lo que si durante este plazo lo vende a un tercero esta garantía no surtirá efecto durante el tiempo que reste.

CUARTA.- En el caso de que durante este plazo de garantía surgieran divergencias entre las partes, el adquirente tendrá derecho a la reparación del bien; y en el caso de que no se subsanara la disconformidad, a la rebaja del precio o a la resolución del contrato, según su criterio, salvo que una de estas opciones resulte imposible o desproporcionada.

Se considerará desproporcionada toda forma de saneamiento que imponga a la vendedora costes excesivos, en comparación a los que supondría la reparación del vehículo.

Por imperativo legal, el comprador no podrá exigir en ningún caso el reemplazo del vehículo usado que adquiere por otro, a no ser que exista acuerdo entre ambas partes, el cual deberá, necesariamente, constar por escrito.

QUINTA.- La vendedora, una vez notificada fehacientemente por el comprador de los defectos del automóvil, y una vez comprobada por esta su existencia, determinará el modo y manera de llevar a cabo la reparación, así como el taller donde deba ser examinado y, en su caso, reparado, el vehículo. Esta reparación se ajustará a las siguientes reglas:

1. Será gratuita para el comprador, comprendiendo transporte, mano de obra y materiales.
2. En el supuesto de que sea necesaria la incorporación de piezas de recambio, estas podrán ser, si así lo pactan ambas partes, reacondicionadas, reconstruidas o usadas, pero solo en el caso de que sea técnicamente posible para la reparación del vehículo y que la pieza incorporada cumpla las mismas funciones que la sustituida de haber sido conforme con el contrato, y se

cumplan las disposiciones reglamentarias aplicables en esta materia por la vendedora o el taller que esta haya designado.

3. La reparación se llevará a cabo en un plazo razonable y sin mayores inconvenientes para el comprador. El plazo de reparación estará en función de la importancia de la avería detectada; de la carga de trabajo comprometida previamente y justificada por el taller designado por el garante y de la posibilidad de suministro de las piezas necesarias para la reparación.

4. Si concluida la reparación y entregado el vehículo, el comprador continuase manifestándose disconforme con el funcionamiento del mismo, podrá exigir a su criterio la rebaja proporcional del precio del automóvil o la resolución del contrato, con la devolución del precio pagado, descontándose de este la parte proporcional al uso durante el tiempo en poder del adquirente, así como, si procediese, la consiguiente indemnización de daños y perjuicios.

SEXTA.- Será responsabilidad única y exclusiva de la parte compradora, que una vez adquirido el vehículo y en posesión de este, el mismo esté provisto del correspondiente seguro para circular en la modalidad que estime necesario esta, por lo que a tenor de lo anterior, la sociedad vendedora queda exenta de cualquier tipo de responsabilidad que pudiera derivarse en el supuesto de que el automóvil que vende circulase sin seguro, sirviendo el presente documento como el más eficaz medio para la transmisión de la propiedad al comprador, con independencia del periodo de tiempo que transcurre hasta que se hubiese completado la transferencia del mismo.

PREGUNTAS

1. Según el contrato, el precio del vehículo:
- **a)** Es la empresa vendedora la que lo decide.
- **b)** Varía dependiendo de diversos factores.
- **c)** Se pagará a plazos, impuestos incluidos.

2. En el contrato se dice que la empresa quedará exenta de:
- **a)** Todas las multas anteriores a la fecha del contrato.
- **b)** Las tasas anteriores a la fecha del contrato.
- **c)** Las sanciones legales posteriores a la firma del contrato.

3. De acuerdo con el texto, la garantía:
- **a)** Alcanza única y exclusivamente al comprador.
- **b)** No tendrá límite de vencimiento.
- **c)** Tendrá una validez pactada por ambas partes.

4. Según el contrato, el vehículo comprado:
- **a)** No podrá ser sustituido por otro similar en ningún caso.
- **b)** Deberá ser reparado por la empresa vendedora bajo ciertas condiciones.
- **c)** Podrá ser sustituido a petición del comprador antes de que transcurran 12 meses de la compra.

5. Sobre las reparaciones del vehículo, en el contrato se estipula que:
- **a)** El taller encargado de las mismas será elegido por el comprador.
- **b)** Se podrá rebajar el precio del vehículo si el comprador no está conforme con el resultado.
- **c)** El plazo de reparación lo decide el vendedor en función del daño del vehículo.

6. En el contrato se dice que:
- **a)** La entrega del vehículo no requiere la adquisición de un seguro por parte del comprador.
- **b)** La parte vendedora decidirá el tipo de seguro adecuado al vehículo según su uso y características.
- **c)** Durante el tiempo de garantía la parte vendedora se hará cargo del seguro del vehículo.

TAREA 2

A continuación va a leer un texto del que se han extraído seis fragmentos. Después, lea los siete fragmentos, a)-g), y decida en qué lugar del texto, 7-12, va cada uno. Hay un fragmento que no tiene que elegir.

Venus Express y la atmósfera venusiana

La atmósfera sobre las regiones polares de Venus es más fina de lo que se pensaba, pero ¿cómo podemos saberlo? **7.** ________________.

Venus Express atravesó las últimas capas de la atmósfera de Venus durante varios pases a baja altura realizados de 2008 a 2010 con el objetivo de medir la densidad de las capas superiores de la atmósfera de Venus sobre las regiones polares, un experimento sin precedentes en este planeta. **8.** ________________. Un equipo de científicos dirigido por Ingo Mueller-Wodarg del Imperial College de Londres está investigando las posibles causas.

Ya solo el hecho de que Venus Express pueda realizar este tipo de mediciones es digno de admiración, ya que el satélite no fue diseñado para realizar estas maniobras y no cuenta con instrumentos capaces de medir directamente la densidad de la atmósfera. **9.** ________________.

Además, el equipo en el Centro Europeo de Operaciones Espaciales de la ESA en Darmstadt, Alemania, decidió girar los paneles solares de Venus Express de forma que uno permanezca paralelo y el otro perpendicular a la velocidad de vuelo. **10.** ________________.

La atmósfera de Venus se extiende desde la superficie del planeta y alcanza unos 250 km. Durante la campaña de abril, Venus Express sobrevoló la superficie de Venus a tan solo 175 km de altura y la próxima semana se zambullirá de nuevo en la atmósfera venusiana, esta vez descendiendo hasta los 165 km. En base a estos resultados, el equipo de operaciones podrá modificar la trayectoria de Venus Express, reduciendo a la mitad el tiempo necesario para completar una órbita, lo que permitirá realizar nuevos experimentos científicos.

En la órbita elíptica en la que se encuentra actualmente, Venus Express necesita 24 horas para completar una vuelta alrededor del planeta, acercándose a 250 km de su superficie en el periastro y alejándose hasta los 66 000 km en el apoastro. Cuando Venus Express se encuentra lejos del planeta, la gravedad del Sol la aparta ligeramente de su trayectoria nominal. **11.** ________________. Con el objetivo de aumentar la vida de la misión, el equipo de operaciones planea reducir la altura de la órbita (en su apoastro) utilizando la atmósfera del planeta para frenar la sonda. Se trata de una maniobra muy delicada y potencialmente peligrosa, que requiere un minucioso cálculo previo que todavía no ha concluido.

12. ________________. «No podíamos estudiar esta región con nuestros instrumentos porque la atmósfera es demasiado fina, pero ahora estamos tomando medidas de primera mano», concluye el Dr. Mueller-Wodarg, uno de los científicos implicados.

Adaptado de www.esa.int/esa

FRAGMENTOS

a)

De ahí que, para lograrlo, las estaciones de seguimiento en La Tierra hayan monitorizado con precisión cómo se reducía la velocidad de la sonda al cruzar las capas más altas de la atmósfera venusiana como resultado de la resistencia aerodinámica.

b)

Porque la misión Venus Express de la ESA ha estado allí para comprobarlo. Esta vez no se limitó a tomar datos desde su órbita, sino que se zambulló en las capas superiores de la venenosa atmósfera de nuestro planeta vecino para realizar medidas de primera mano.

c)

Tras permanecer unido a la estación unos tres meses y medio, el ATV-2 partirá cargado de deshechos y se desintegrará completamente durante su reentrada en la atmósfera terrestre, sobre una región deshabitada del océano Pacífico.

d)

Mientras tanto, los equipos de científicos involucrados en la misión se muestran muy satisfechos con los datos obtenidos hasta la fecha.

e)

El resultado de esta decisión es que la resistencia aerodinámica induce un giro en el satélite.

f)

Hasta el momento se han obtenido diez resultados completos que demuestran que la atmósfera sobre estas regiones polares de Venus es un 60% más fina de lo esperado. Este sorprendente resultado podría indicar la presencia de ciertos fenómenos naturales actuando en la atmósfera de Venus.

g)

Para compensar esta perturbación, cada 40-50 días se deben encender los motores de la sonda, consumiendo un combustible que a este ritmo se habrá agotado en cinco años.

TAREA 3

A continuación va a leer un texto sobre la era digital. Después, elija la opción correcta, a), b) o c), para las preguntas, 13-18.

INTOXICADOS DE INFORMACIÓN

Antes de la aparición de Internet, Jorge Luis Borges imaginó la biblioteca de Babel, donde se almacenaban todos los libros existentes en un laberinto interminable de galerías hexagonales. Hoy, en la era digital, cada año se genera más información que la existente desde que comenzó a escribirse la historia de la humanidad.

La explosión de las redes sociales, la fotografía y el vídeo digital, el auge de la telefonía móvil, el *e-mail* y la navegación web han expandido la información digital hasta límites insospechados. Sin embargo, más información solo provoca mayor confusión, puesto que bloquea la capacidad de análisis y procesamiento. Por otro lado, esta intoxicación informativa está ligada a otra patología asociada: la ansiedad por informarse, o *infomanía*, que se caracteriza por la búsqueda constante de estímulos informativos y una agobiante sensación de angustia y vacío que es necesario llenar con más información.

Diversos estudios advierten que los centenares de mensajes que cada día saturan las casillas de los empleados son una de las principales causas de estrés en las empresas. Según Rescue Time, organización que se dedica a investigar la incidencia de la tecnología en los hábitos de las personas, quienes trabajan frente a una computadora se detienen a revisar su bandeja de correo electrónico unas 50 veces por jornada. La mayoría destina hasta dos horas por día a limpiar y ordenar sus casillas de *mail*, y en muchos casos duplican ese promedio. Hay quienes experimentan una compulsión a leer sus correos y se angustian ante la posibilidad de perder un mensaje importante. Padecen el síndrome de ansiedad del *e-mail*, un mal que se agrava por el uso masivo de dispositivos móviles.

Los especialistas en salud laboral acuñaron un nuevo término para referirse a los adictos a su teléfono inteligente: los *crackberries* que no pueden dejar de contestar llamadas, o enviar y recibir mensajes desde sus aparatitos sin importarles cuándo ni dónde: en medio de una reunión, una conferencia, en el cine y hasta en el baño.

Sin llegar a casos extremos, lo cierto es que el exceso de estímulos informativos genera estrés y aturdimiento, sobre todo aquellos más veloces, como los *flashes* informativos televisivos, las alertas de noticias que se reciben en la computadora o en el móvil, y los mensajes de la red social Twitter (que utilizan más de 80 millones de usuarios para contar en 140 caracteres lo que están haciendo en ese momento). Según un estudio publicado en la revista científica *Proceedings of the National Academy of Sciences*, el bombardeo de mensajes que hoy se multiplica a través de las redes sociales anula la capacidad de empatía y de discernimiento moral que requieren las decisiones que hay que tomar cada día. Aquella información instantánea y carente de contexto, que busca llamar la atención y conmover al receptor, termina logrando lo contrario: la disfunción narcotizante de la que hablaba Paul Lazarsfeld, uno de los teóricos pioneros de las ciencias de la comunicación.

Quien está conectado constantemente a una pantalla (sea televisor, computadora o teléfono móvil) corre el peligro de desconectarse y perder la noción de la realidad, advierten los psicólogos. «El brillo de la pantalla tiene un efecto hipnótico», dice José Sahovaler, médico psicoanalista, quien además advierte sobre el aumento de las ciberadicciones, sobre todo en los adolescentes.

Los ejecutivos, provistos de los más actuales y modernos dispositivos como *laptops* y teléfonos inteligentes que atienden llamadas en medio de las reuniones y contestan mensajes a bordo de un taxi o en la sala de espera del dentista, son el paradigma de la eficiencia corporativa. No obstante, según Rescue Time, el 28% del día laboral en las empresas se malgasta en interrupciones que no son urgentes ni importantes y en retomar el hilo de lo que se estaba haciendo. El tiempo dedicado a la creación productiva, como puede ser la redacción de un correo importante, ocupa el 25% de la jornada. Un 20% se destina a mantener reuniones, otro 15% a buscar información, y solo queda un 12% del tiempo para pensar y planificar el negocio.

Adaptado de www.diario.elmercurio.com

PREGUNTAS

13. Según el texto:
- **a)** Borges fue un precursor de Internet y de la llamada *era digital*.
- **b)** El aumento en el uso de móviles provoca ansiedad y angustia.
- **c)** El exceso de información paraliza la competencia analítica.

14. En el texto se dice que la *infomanía* es:
- **a)** Un tipo de dependencia.
- **b)** Una enfermedad física.
- **c)** Una disfunción psicomotriz.

15. Según el artículo, la mayor parte de los que trabajan con ordenadores:
- **a)** Experimentan ansiedad y angustia al no poder limpiar sus correos electrónicos.
- **b)** Dedican un par de horas diarias a organizar su correo electrónico.
- **c)** Sienten el impulso irresistible de leer los correos electrónicos que reciben.

16. El artículo explica que:
- **a)** El aumento de mensajes influye en la capacidad de toma de decisiones.
- **b)** Ver demasiado la televisión provoca ansiedad.
- **c)** Los internautas buscan llamar la atención publicando lo que hacen en ese momento.

17. Según el texto, el hecho de conectarse a una pantalla todo el tiempo:
- **a)** Permite estar constantemente en contacto con la realidad.
- **b)** Es una de las mayores causas de estrés actual.
- **c)** Provoca adicción.

18. En el texto se dice que los directivos:
- **a)** Interrumpen continuamente su actividad a causa de la ansiedad.
- **b)** Dedican poco tiempo a la reflexión y la planificación.
- **c)** Producen y crean continuamente gracias a los modernos dispositivos que poseen.

TAREA 4

A continuación va a leer varios textos relacionados con libros que hablan sobre la ciencia. Elija el texto, a)-f), que corresponde a cada enunciado, 19-26. Hay textos que deben ser elegidos más de una vez.

a) ¿Imaginas a Sherlock Holmes explicando un asesinato a través de las conclusiones de la teoría de la relatividad o a su hermano Mycroft razonando sobre la naturaleza de la luz? ¿Y a Watson discutiendo sobre la teoría de los muchos mundos? Esta es la propuesta del físico Colin Bruce, un experto en ciencias y en paradojas de física. A través de los doce relatos que forman *La paradoja de Einstein y otros misterios de la ciencia resueltos por Sherlock Holmes*, exploramos de la mano de los personajes de Conan Doyle los grandes descubrimientos de la física que han llegado hasta nuestros días, desde la revolución que supuso el concepto del movimiento de La Tierra alrededor del Sol en los tiempos de Copérnico y Galileo hasta las consecuencias de la teoría de la relatividad de Einstein.

b) ¿Cómo funciona? ¿Por qué hace eso? ¿Qué pasaría si...? Son preguntas que los niños curiosos formulan acerca de cosas cotidianas, desde la respiración hasta las palomitas de maíz. Tracey Schofield da respuesta a estas y otras preguntas en *101 Actividades de ciencia para futuros Einsteins*, un libro repleto de sencillos y divertidos experimentos y actividades para ayudar a los niños a averiguar por ellos mismos cómo funciona el mundo. Descubrirán cosas sobre sus propios cuerpos, el clima, el reciclaje, las bebidas gaseosas, lavar los platos, escupir... Este libro cubre cualquier cosa que se imagine. La filosofía de la autora, «si es divertido los niños lo harán», da como resultado un libro lleno de experimentos tan divertidos que puede que los pequeños no se den cuenta de lo mucho que están aprendiendo.
Las actividades están ordenadas de forma lógica, con instrucciones claras, preguntas desafiantes, y hechos divertidos de la ciencia aquí y allá.

c) En su obra *Un nuevo tipo de ciencia*, uno de los científicos más respetados del mundo presenta una serie de descubrimientos dramáticos nunca antes hechos públicos. Comenzando con una colección de experimentos sencillos de ordenador, Stephen Wolfram muestra cómo los resultados inesperados nos encaminan hacia una nueva forma de ver cómo funciona nuestro universo. Wolfram utiliza este acercamiento para examinar una gran cantidad de problemas científicos, desde los orígenes del aparente azar en los sistemas físicos o el desarrollo de la complejidad en biología hasta el carácter de la inteligencia en el universo. Escrito con claridad excepcional, e ilustrado con casi mil reproducciones originales, esta obra permite a los científicos y no científicos por igual participar en lo que promete ser una gran revolución intelectual.

d) La expansión mundial de la revolución de la ciencia mental proporciona asombrosas introspecciones en casi todos los aspectos de nuestras vidas. Pero ¿de dónde surgió todo esto? Una respuesta, como lo demuestra Allan Hobson en su obra maestra *Los 13 sueños que Freud nunca tuvo*, es el simple hecho de despertar y pensar en nuestros sueños. Según explica el autor, la naturaleza extraña de nuestros sueños no tiene nada que ver con la emoción reprimida que enseñó Freud, sino que es el resultado de cómo está físicamente construido el cerebro. Los mecanismos químicos del tronco cerebral, que activan varias regiones de la corteza, generan estos cambios. Aquí se abre una ventana hacia la forma en que se crean los pensamientos desde el recuerdo de las experiencias. Este libro entrega una fresca, vívida y personal visión sobre cómo se está construyendo la nueva ciencia de la mente.

e) *Las plumas del diablo* no es una novela de misterio ni de amor, tampoco es una novela de desamor ni mucho menos una de humor. No es del género de cienciaficción ni tampoco de filosofía; no es ni un libro de viajes ni un tratado de matemáticas. No es una galería de arte. No es un libro de citas. No es un libro de autoayuda, ni de astronomía ni de supersticiones... No, no es ninguna de esas cosas. ¿O sí? ¿Es tal vez todas ellas juntas?

f) *El viaje a la felicidad* es un recorrido apasionante de la ciencia y del saber que nos acerca un poco más a ser dioses y a conocer el porqué de nuestra existencia. El título es una frase bonita que nos transmite connotaciones positivas, sin embargo, en su interior lo que encontramos es más parecido a un libro de ciencia, que en realidad es de lo que se trata, demostrar científicamente cómo la felicidad se transmite a través de estímulos que producen descargas en nuestro cerebro y nos producen sensación de bienestar. Algo tan subjetivo como la felicidad, y que llevamos siglos tratando de alcanzar, resulta que se trataba solo de un estado emocional activado por el sistema límbico, nada más y nada menos, además de otros factores sociales y culturales que arrastramos desde nuestro nacimiento.

Adaptado de www.es.shvoong.com/books

ENUNCIADOS

19. Resulta difícil de clasificar el género de este libro.	a)	b)	c)	d)	e)	f)
20. Esta obra está dirigida a un amplio público, tanto especializado como no.	a)	b)	c)	d)	e)	f)
21. En este libro el autor se vale de personajes literarios para explicar fenómenos científicos.	a)	b)	c)	d)	e)	f)
22. Una de las obras trata de explicar que un sentimiento concreto se debe a estímulos externos.	a)	b)	c)	d)	e)	f)
23. Uno de los libros tiene una clara función didáctica.	a)	b)	c)	d)	e)	f)
24. Esta obra presenta ideas revolucionarias sobre la explicación de un proceso mental.	a)	b)	c)	d)	e)	f)
25. Uno de los libros resulta entretenido, divertido e ingenioso al lector.	a)	b)	c)	d)	e)	f)
26. Esta obra contiene un gran número de fotografías.	a)	b)	c)	d)	e)	f)

TAREA 5

A continuación va a leer un texto sobre los mayas. Elija la opción correcta, a), b) o c), para completar los huecos, 27-40.

LOS GLIFOS* MAYAS

El director del Acervo Jeroglífico e Iconográfico Maya (Ajimaya) del Instituto Nacional de Antropología e Historia (INAH), Carlos Pallán, dijo que en ninguno de los 15000 textos que existen de los antiguos mayas está escrito que en 2012 ____**27**____ grandes cataclismos, creencia ____**28**____ en escritos esotéricos de la década de 1970.

Aclaró, además, que solo en dos glifos hay sendas inscripciones que ____**29**____ al año 2012, pero «solo como el final de periodo».

Ante este cierre del ciclo, los profetas modernos auguran que un ____**30**____ negro en el centro de la galaxia romperá el equilibrio al alinearse con el Sol, y el astro rey «arrojará una gran cantidad de partículas. Se modificará el eje magnético de La Tierra y las consecuencias serán ____**31**____».

El científico precisó que estas versiones apocalípticas fueron generadas en publicaciones esotéricas en la década de 1970, en las que se señalaba el término de la civilización humana para el 2012, fecha que coincide con el decimotercer ciclo en el ____**32**____ maya y que corresponde al 21 de diciembre. Explicó, también, que para los antiguos mayas el tiempo no era ____**33**____ abstracto, sino que estaba conformado por ciclos y estos a veces eran tan concretos que tenían nombre y se podían personificar ____**34**____ retratos de seres animados, como sucedía por ejemplo, en el ciclo de 400 años que estaba representado como un ave mitológica. Reiteró, además, que los mayas jamás mencionaron que se fuera a acabar el mundo, ni el tiempo. Jamás pensaron que el tiempo terminaría en nuestra época, ____**35**____ pone de manifiesto la conciencia que alcanzaron sobre el tiempo a partir del desarrollo matemático y de la escritura.

Por otro lado, el señor Pallán agregó que los mayas, más que obsesionarse por el tiempo, se preocupaban por efectuar rituales que de algún modo garantizaran que el ciclo ____**36**____ venir sería propicio, y en el caso particular de 2012, sí se notaba una insistencia en que aún en una fecha ____**37**____ distante se iba a conmemorar un determinado ciclo calendárico, lo cual había sido el meollo de la confusión.

El arqueólogo confirmó también que, ____**38**____, de acuerdo con los cálculos científicos actuales, la fecha astronómica precisa del fin de su ciclo ____**39**____ el 23 y no el 21 de diciembre y aclaró que uno de los intereses de los mayas era legitimar su poder mediante calendarios y vinculaban a los gobernantes con esos ciclos y con dioses ____**40**____ en relatos ancestrales o en mitos.

(*) *Un glifo es un signo grabado, escrito o pintado.*

Adaptado de http://losandes.com.ar

Opciones

27.	**a)** habrían	**b)** se producirían	**c)** harían
28.	**a)** originada	**b)** provocada	**c)** dada
29.	**a)** ocurren	**b)** ofrecen	**c)** señalan
30.	**a)** agujero	**b)** vacío	**c)** hueco
31.	**a)** halagüeñas	**b)** favorables	**c)** nefastas
32.	**a)** fechado	**b)** horario	**c)** calendario
33.	**a)** algún	**b)** algo	**c)** alguno
34.	**a)** por medio	**b)** a través	**c)** mediante
35.	**a)** el cual	**b)** lo que	**c)** que
36.	**a)** a	**b)** por	**c)** para
37.	**a)** tan	**b)** como	**c)** que
38.	**a)** por su parte	**b)** según	**c)** no obstante
39.	**a)** estaría	**b)** sería	**c)** habría
40.	**a)** citados	**b)** parecidos	**c)** semejantes

Anote el tiempo que ha tardado:

Recuerde que solo dispone de **90 minutos**

PRUEBA 2 Comprensión auditiva y uso de la lengua

50 min Tiempo disponible para las 4 tareas.

TAREA 1

CD II Pista 1

A continuación escuchará una conferencia sobre la expedición de Alejandro Malaspina en la que se tomaron las siguientes anotaciones. La oirá dos veces. Después, elija para cada anotación, 1-6, la palabra o fragmento correspondiente entre las doce opciones, a)-l), que se le ofrecen.

ANOTACIONES

1. ________________ tuvo lugar el mismo año que la Revolución francesa.

2. A la vuelta, Malaspina se enfrentó a ________________ y denuncias del primer ministro.

3. Andrés Galera explica que se echaron a perder varios años de ________________.

4. Malaspina sabía que España estaba sumergida en ______________ .

5. Los expedicionarios se encontraron con ________________ de quienes hicieron algunos retratos.

6. El rey pensó que Malaspina era _______________ y lo mandó encarcelar.

a) los patagones
b) las corbetas
c) la decadencia colonial
d) la expedición
e) un mezquino
f) la depresión
g) las intrigas palaciegas
h) labor cartográfica
i) un conspirador
j) los ingleses
k) trabajo científico
l) los tiburones

TAREA 2

CD II Pista 2

A continuación escuchará cuatro conversaciones. Oirá cada una dos veces. Después, seleccione la opción correcta, a), b) o c), para cada pregunta, 7-14.

PREGUNTAS

CONVERSACIÓN 1

7. La mujer que llama:

a) Solicita información sobre nuevas conexiones a Internet.
b) Se va a mudar de casa.
c) Quiere dar de baja la línea telefónica.

8. El empleado le dice a la mujer que:

a) Le van a hacer ofertas por teléfono.
b) Puede hacer la gestión solo personándose en Televix.
c) Resulta complicado darse de baja por teléfono.

CONVERSACIÓN 2

9. El hombre:

a) Está muy satisfecho con los transportes públicos.
b) Cree que el BRT es mejor que el metro.
c) Es un fan de los tranvías.

10. La mujer:
- **a)** Cree que el metro no es lo mejor para Buenos Aires.
- **b)** Anima al hombre a participar en un foro.
- **c)** Piensa que el sistema de buses de Curitiba funcionaría en Buenos Aires.

CONVERSACIÓN 3

11. La mujer declara que:
- **a)** Resulta imposible no contaminar cuando se reside en una ciudad.
- **b)** No se plantea si sus acciones afectan al medio ambiente.
- **c)** Tiene bastante conciencia y siempre que puede recicla para reducir el impacto.

12. ¿A quién culpa la mujer de la contaminación?
- **a)** A las fábricas que hay en las ciudades.
- **b)** A la desaparición de las tribus indígenas.
- **c)** A las personas.

CONVERSACIÓN 4

13. Según la empleada, el tiempo de circulación de un vehículo:
- **a)** Es mayor si son vehículos históricos.
- **b)** Tiene excepciones en caso de donación.
- **c)** Es ilimitado.

14. El coche del que se habla:
- **a)** No ha pertenecido a nadie relevante.
- **b)** Supera el límite de tiempo para ser considerado histórico.
- **c)** Puede ser declarado vehículo de colección, pero es caro.

CD II
Pista 3

TAREA 3

A continuación escuchará una entrevista sobre el transporte en Santiago. La oirá dos veces. Después, seleccione la opción correcta, a), b) o c), para cada pregunta, 15-20.

PREGUNTAS

15. El entrevistado opina que el metro en Santiago:
- **a)** No es posible.
- **b)** Roba el espacio a las autopistas.
- **c)** Debería ser ampliado.

16. Sobre el uso de la bicicleta en Santiago, Louis comenta que:
- **a)** Es del 20%.
- **b)** No puede ser importante.
- **c)** Se debe favorecer.

17. Según Louis, fuera de Santiago:
- **a)** Los pueblos no están bien comunicados.
- **b)** Los taxis no son efectivos.
- **c)** El transporte público es inexistente.

18. El señor de Grange opina que las autopistas urbanas:
- **a)** Tienen un buen diseño local.
- **b)** Son incompatibles con el tráfico local.
- **c)** Permiten a Santiago funcionar bien.

19. Para Louis, el Vespucio Oriente:
- **a)** Puede hacerse solo como modalidad subterránea.
- **b)** No cuenta con su apoyo.
- **c)** Plantea problemas.

20. Sobre la planificación en Chile, Louis cree que:
- **a)** Lo más importante es la información.
- **b)** Hay que recuperar los antiguos métodos.
- **c)** Se deben suprimir las antiguas bases de datos.

CD II
Pista 4

TAREA 4

Usted va a escuchar diez breves diálogos. Escuchará cada uno dos veces. Después, seleccione la opción correcta, a), b) o c), para cada pregunta, 21-30.

DIÁLOGO 1

21. Juan opina que la computadora de Julio es:
- **a)** Estupenda.
- **b)** Del montón.
- **c)** De escasa calidad.

DIÁLOGO 2

22. La reacción de María al oír la conferencia fue:
- **a)** Indiferente.
- **b)** Positiva.
- **c)** Despectiva.

DIÁLOGO 3

23. La primera persona muestra hacia el libro:
- **a)** Interés.
- **b)** Indiferencia.
- **c)** Escepticismo.

DIÁLOGO 4

24. Al oír a Julio, su amigo:
- **a)** Hace un comentario irónico.
- **b)** Se enfada.
- **c)** Se siente deprimido.

DIÁLOGO 5

25. Julia, con su respuesta, expresa que:
- **a)** Está de acuerdo.
- **b)** Está satisfecha.
- **c)** Le da igual.

DIÁLOGO 6

26. La actitud de Luis es de:
- **a)** Preocupación.
- **b)** Crítica.
- **c)** Comprensión.

DIÁLOGO 7

27. La primera persona expresa:
- **a)** Censura.
- **b)** Impasibilidad.
- **c)** Compasión.

DIÁLOGO 8

28. La respuesta denota:
- **a)** Preocupación.
- **b)** Duda.
- **c)** Optimismo.

DIÁLOGO 9

29. Matilde, con su respuesta, muestra que:
- **a)** No le ha gustado la ponencia.
- **b)** Era difícil entender al ponente.
- **c)** La ponencia le ha encantado.

DIÁLOGO 10

30. Pilar se encuentra en una situación:
- **a)** De gran preocupación.
- **b)** Exasperante.
- **c)** De incomunicación.

Anote el tiempo que ha tardado:

Recuerde que solo dispone de **50 minutos**

PRUEBA 3 C. auditiva y expresión e interacción escritas

80 min Tiempo disponible para las 2 tareas.

CD II Pista 5

TAREA 1

A continuación escuchará la primera parte de un informe sobre la relación entre el lenguaje y la tecnología. Lo escuchará dos veces. Después, redacte una argumentación (220-250 palabras) con los puntos principales y exprese de forma justificada su punto de vista. Durante la audición puede tomar notas.

TAREA 2

Elija una de las siguientes opciones y redacte un texto formal (220-250 palabras) según las indicaciones que se le dan en cada opción.

Opción 1

Usted trabaja en la consejería de transportes de su ciudad donde le han pedido que redacte un informe sobre la situación del transporte público en su comunidad.

En el informe debe:

- Describir brevemente los medios de transporte actuales.
- Explicar las deficiencias de los servicios en algunas líneas.
- Enumerar los problemas que crean estas deficiencias y dar ejemplos concretos.
- Proponer posibles soluciones.

Si lo desea, puede basarse en el siguiente plano para su artículo.

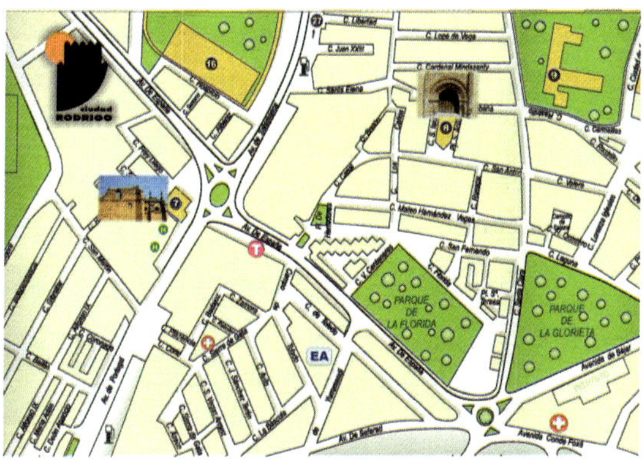

Opción 2

Usted acaba de mudarse y en su momento solicitó el traslado de su línea telefónica y la conexión a Internet a la nueva casa. Necesita urgentemente estos servicios porque trabaja en casa. La compañía le aseguró que en una semana le efectuarían toda la gestión. Ya han pasado dos semanas y solo le funciona la línea telefónica. Ha llamado repetidamente al servicio de atención al cliente y le han dado diferentes excusas.

Escriba una carta a la compañía en la que:

- Explique los problemas que ha tenido con el traslado.
- Exponga las excusas que le han dado en el servicio de atención al cliente.
- Pida la suspensión del contrato con la compañía.
- Reclame una compensación por daños y perjuicios.
- Advierta de su intención de presentar una denuncia formal contra la compañía.

Anote el tiempo que ha tardado:

Recuerde que solo dispone de **80 minutos**

PRUEBA 4 C. de lectura y expresión e interacción orales

20 min Tiempo disponible para las 3 tareas.

20 min Tiempo de preparación.

TAREA 1

Usted debe hacer una presentación oral (3-5 minutos) sobre el siguiente texto. Su exposición debe incluir los siguientes puntos:

- *Tema central.*
- *Ideas principales y secundarias.*
- *Comentario sobre ideas principales.*
- *Intención del autor, si procede.*

Puede tomar notas y consultarlas, pero no puede hacer una lectura de las mismas.

¿CÓMO SE MIRA UN PIXEL?

Siempre que escribo sobre tabletas se acaba hablando en los comentarios del daño a los ojos y la fatiga visual aunque también sobre la utilidad de las mismas y si realmente aportan algo que no pueda hacer un portátil. Es también una pregunta que me han hecho con frecuencia durante estas Navidades, sobre todo a la hora de regalar y decidirse entre un lector de libros electrónicos o uno de estos dispositivos.

Pero la cuestión es si leer en una pantalla hace daño a la vista. Es probable que yo no sea la persona más indicada para asegurar que no. La genética me ha maldecido con una miopía de espanto y lo único que me salva es que tengo una fuerte descompensación entre mi ojo derecho -poco miope- y mi ojo izquierdo -un caso perdido, veo el mundo como arte abstracto-, así que cuando me levanto por las mañanas aún soy capaz de encontrar las gafas o las lentillas, aunque sea usando solo el derecho.

Ahora bien, a pesar de mis males, no creo que las pantallas de ordenador que he mirado desde los seis años hayan tenido mucho que ver. En diez años de profesión he tenido que escribir varios artículos sobre ergonomía y uso correcto del ordenador y todavía no he encontrado un solo oftalmólogo que afirmara que las pantallas, LCD o CRT, produjeran daño alguno con un uso típico. Lo que sí producen es fatiga visual y física y las razones fundamentales son dos:

- La primera es que solemos colocar mal las pantallas, sobre todo cuando usamos equipos portátiles. El LCD tiene que estar a la altura de los ojos y a una distancia que nos permita leer u observar los detalles sin necesidad de inclinarnos.
- El segundo punto es el propio brillo de la pantalla, que debe ajustarse a las condiciones de la habitación donde estemos usando el ordenador. Antes, con los monitores CRT, la frecuencia de refresco también influía, pero es un problema que ya casi ha desaparecido.

Las tabletas salvan estos problemas gracias a dos características: La primera es que en lugar de inclinar el cuerpo lo que se hace es simplemente acercar y alejar la tableta de los ojos. Solo ese gesto supone una considerable mejora a la hora de trabajar con ellas. La segunda es que el nivel de brillo se regula por lo general de forma automática gracias a un sensor de luz integrado (en el peor de los casos hay controles de brillo fácilmente accesibles). Algunas tabletas tienen además mayor densidad de píxeles que las pantallas de un ordenador, lo que las hace bastante más cómodas.

Por supuesto puede llegar un momento en el que la vista se canse, algo que rara vez sucede con textos impresos en papel. ¿Significa eso que es peor que la tinta electrónica? Depende. Las pantallas de tinta electrónica tienen un problema y es que su contraste es reducido. No es letra negra sobre un fondo blanco, sino letra gris sobre un fondo gris. Cada generación de pantallas de tinta electrónica mejora un poco el contraste, pero aún así puede llegar a causar cierto cansancio, sobre todo si no hay mucha luz ambiente.

Hay sin duda un punto muy a favor de la tinta electrónica y es que se lee fantásticamente bien en exteriores, donde una pantalla LCD u OLED siempre tiene dificultades, pero a cambio la tinta electrónica solo sirve para una cosa: mostrar texto. Se pierde la capacidad multimedia y de navegación web de la tableta. Yo jamás he tenido problemas de cansancio con un libro de tinta electrónica, pero lo cierto es que tampoco noto molestia al usar una tableta. Sé, eso sí, que si hiciese una prueba de resistencia la tableta sería la que me haría sufrir primero.

Mención aparte merece el tema de las pantallas en 3D, sobre todo cuando los que las usan son menores. Nintendo, por ejemplo, ya ha avanzado que no recomendará el uso de la función 3D de su próxima consola portátil a los menores de seis años y es una recomendación que hace también la gran mayoría de fabricantes de televisores 3D. El uso de gafas 3D o de pantallas autoesteroscópicas puede entorpecer el desarrollo de la estereopsis y favorecer los casos de estrabismo.

Adaptado de www.elmundo.com

NOTAS

TAREA 2

Usted debe mantener una conversación con el entrevistador (4-6 minutos) sobre el tema del texto de la Tarea 1. En la conversación debe:
- Dar su opinión personal sobre el tema.
- Justificar su opinión con argumentos.
- Rebatir, si procede, las opiniones que exprese su interlocutor.

MODELO DE CONVERSACIÓN

1. Opinión del candidato y justificación.

¿Cuál es su opinión respecto a este tema? ¿Podría comentarla?

2. Turnos de intervención candidato-examinador.

- ¿Utiliza normalmente el ordenador? ¿Se fatiga o sufre lesiones por ello?
- ¿Qué opina de las tabletas?
- ¿Cree que el libro digital acabará con el libro tradicional?
- ¿Qué opina sobre la posibilidad de descargar libros en Internet?
- ¿Cree que asimilamos de igual modo la información leyendo un texto en papel que leyéndolo en una pantalla? ¿Es la vista el único sentido involucrado?
- ¿Por qué cree que algunas personas imprimen incluso los correos electrónicos antes de leerlos?
- ¿Enriquecen los hipervínculos la información o la dificultan?

TAREA 3

Usted asiste a una clase de Ciencias de La Tierra y Medio Ambiente. El profesor le ha propuesto que se ponga de acuerdo con su compañero (el entrevistador) para elegir el medio de transporte más importante para la humanidad, siguiendo los siguientes criterios:

- Utilidad e impacto medioambiental.
- Ahorro energético.
- Eficacia.
- Comodidad.

Aquí tiene los cuatro medios de transporte. Elija uno en función de los criterios anteriores y discuta su elección con su interlocutor (4-6 minutos) hasta llegar a un acuerdo. Recuerde que puede interrumpir a su interlocutor, pedir y dar aclaraciones, argumentar, etc.

Problemas de transporte

- *déficit en la flota*
- *mantenimiento deficiente de los vehículos*
- *líneas insuficientes*
- *rigidez de horarios*
- *rutas mal programadas*
- *falta de vehículos adaptados a discapacitados/personas con movilidad reducida*
- *retrasos*
- *malas conexiones*

Quejarse

- *Les escribo para exponer los problemas que me ha causado su compañía.*
- *Considero del todo injustificado el retraso de su compañía en atender mi petición.*
- *Los responsables de atención al cliente de su compañía no me han dado ninguna respuesta efectiva.*
- *Es inadmisible que culpen de la falta de cobertura para conectarse a Internet a la línea de teléfono fija cuando…*

Proponer soluciones

- *Pienso que la mejor solución es…*
- *Por ello propongo, como medida adecuada…*
- *Lo mejor y más aconsejable, en estas circunstancias, es…*

Reclamar

- *Por todo ello exijo que den inmediatamente de baja…*
- *Si no me ofrecen una compensación me veré obligado a demandarles por incumplimiento de contrato.*
- *Reclamo una compensación por daños y perjuicios, ya que su compañía no ha ofrecido los servicios prometidos.*

Pedir aclaraciones

- *¿Dice usted que…?*
- *¿Quiere decir que…?*
- *No sé si lo he entendido bien, pero…*
- *¿Le importaría aclararme eso/lo de que…?*
- *¿Le importa volver al tema de…?*
- *Si he comprendido bien...*

Advertir

- *Espero su respuesta, comunicándoles que si en un plazo prudente no se produce…*
- *En (el) caso de no obtener una respuesta satisfactoria…*
  - *me veré obligado a...*
  - *no tendré más remedio que...*
  - *no me quedará otra salida que...*
  - *tomaré/emprenderé las medidas necesarias para…*
  - *iniciaré otro tipo de gestión.*

examen 5

MANIFESTACIONES ARTÍSTICAS

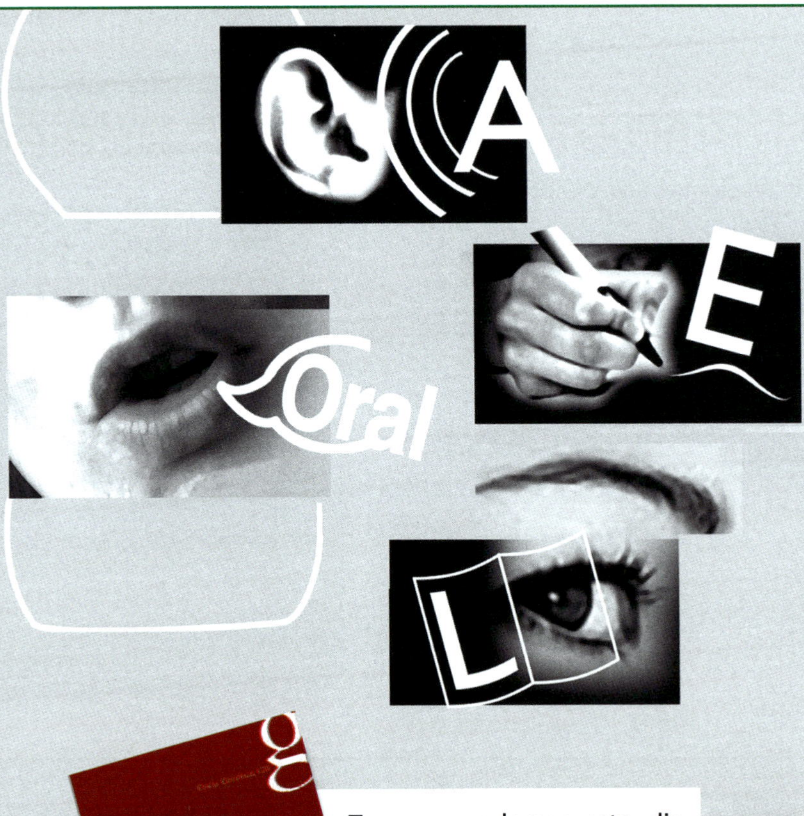

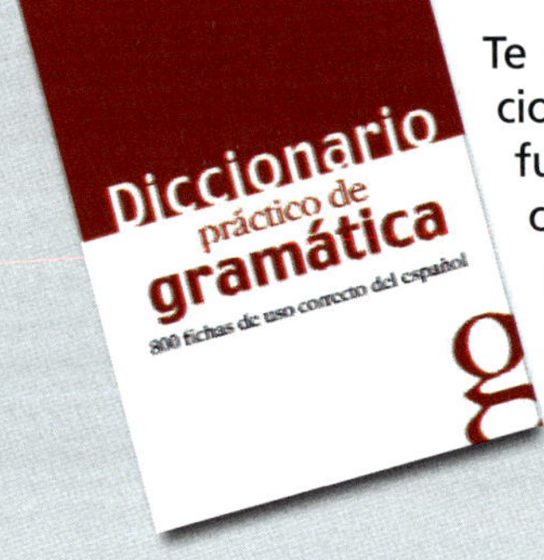

Te recomendamos este diccionario práctico para profundizar y consolidar tus conocimientos, así como para consultar dudas sobre la gramática y el uso correcto del español.

VOCABULARIO

LAS ARTES

Arquitectura (la) ....
Artes (las) ....
- decorativas ....
- escénicas ....
- gráficas ....
- plásticas ....
- visuales ....
Baile (el) ....
Bellas Artes (las) ....
Cerámica (la) ....
Cine o séptimo arte (el) ....
Dibujo (el) ....
Escultura (la) ....
Fotografía (la) ....
Grabado (el) ....
Literatura (la) ....
Música (la) ....
Orfebrería (la) ....
Teatro (el) ....

LUGARES

Pinacoteca (la) ....
Galería (la) ....
Escenario (el) ....
Tablas (las) ....
Bastidores (los) ....
Auditorio (el) ....
Conservatorio (el) ....
Escuela de Bellas Artes (la) ....

VERBOS

Alabar ....
Coleccionar ....
Elogiar ....
Esculpir ....
Inspirarse ....
Interpretar ....
Proyectar ....

EXPRESIONES

Costar un riñón ....
Echar flores ....
Montar una escena ....
No pintar nada ....
Ponerse flamenco ....
Sudar tinta ....
Tener tablas ....
Tener madera ....
Ver las estrellas ....

PERSONAS

Bailaor/-a (el/la) ....
Bailarín/-a (el/la) ....
Ceramista (el/la) ....
Cineasta (el/la) ....
Coleccionista (el/la) ....
Compositor/-a (el/la) ....
Coreógrafo/a (el/la) ....
Crítico (el) ....
Dibujante (el/la) ....
Escultor/-a (el/la) ....
Galerista (el/la) ....
Grabador (el) ....
Literato/a (el/la) ....
Marchante (el/la) ....
Mecenas (el/la) ....
Orfebre (el/la) ....
Representante (el/la) ....
Soprano (el/la) ....
Tenor (el) ....

VARIOS

Armonía (la) ....
Balada (la) ....
Belleza (la) ....
Bienal (la) ....
Compás (el) ....
Coro (el) ....
Creatividad (la) ....
Cuarteto (el) ....
Dúo (el) ....
Espectáculo (el) ....
Estética (la) ....
Expresión (la) ....
Figura (la) ....
Gala (la) ....
Gira (la) ....
Inspiración (la) ....
Instrumento (el) ....
- cuerda ....
- percusión ....
- viento ....
Interpretación (la) ....
Proyección (la) ....
Recital (el) ....
Ritmo (el) ....
Simbología (la) ....
Solista (el/la) ....
Sonata (la) ....
Subasta (la) ....
Talento (el) ....

PRUEBA 1 **Comprensión de lectura y uso de la lengua**

90 min **Tiempo disponible para las 5 tareas.**

TAREA 1

A continuación va a leer un texto sobre un centro de exposiciones. Elija la opción correcta, a), b) o c), para cada una de las preguntas, 1-6.

3PLANTAS

CONDICIONES PARA EXPONER Y CARACTERÍSTICAS DE LAS MUESTRAS

3Plantas es un emprendimiento integral, alternativo e independiente cuyo fin es la exploración de las múltiples dimensiones e intensidades de las artes visuales. Este concepto encuentra aquí el espacio físico apropiado para materializarse. Desde este centro, se desarrollan y articulan las áreas de investigación, producción, educación y difusión de las artes visuales, a través de actividades con características y contenidos específicos de cada campo.

Con respecto al trabajo del área de difusión, 3Plantas cuenta con el desarrollo de un ciclo de exposiciones de arte temporarias -colectivas e individuales- que impulsan y elaboran un canal de aporte propio a las prácticas de exhibición, apreciación y sociabilización de las producciones visuales contemporáneas dando especial atención a los trabajos realizados por jóvenes artistas emergentes. Las exposiciones se desarrollan a través de proyectos que entienden el espacio como campo potencial que modula y construye diversas interpretaciones sobre las obras. Esta labor, acompañada por la investigación, la difusión y la crítica, amplifica el pensamiento reflexivo sobre el arte contemporáneo.

EXPOSICIONES

Formalidades metodológicas.

- Cada artista que pretenda exponer será preseleccionado por 3Plantas luego de recibir vía *e-mail* el material fotográfico de las obras, más una breve reseña biográfica (datos para contactarse: nombre y apellido, DNI, teléfono, celular, dirección de *e-mail*, formación).
- Los artistas preseleccionados serán contactados vía *e-mail* o telefónicamente, y se concertará con ellos una entrevista personal.
- 3Plantas estipulará con el artista una fecha para realizar la exposición en el calendario anual.
- Realizada la entrevista y seleccionadas las obras a exponer, se pautarán las fechas de entrega y retiro de las mismas.

Particularidades de las prácticas de exhibición.

- Cada muestra se exhibirá durante quince días. Una vez inaugurada la muestra, el público podrá concurrir al espacio de manera gratuita mediante cita previa con los organizadores.
- Las muestras contarán con un *vernissage* el día de la inauguración.
- La inauguración del evento será cubierta con un registro fotográfico y/o audiovisual.
- 3Plantas cuenta con un equipo técnico responsable del montaje: proyección de obras en el espacio, iluminación y ambientación.
- Cada muestra contará con una publicidad específica en medios gráficos y virtuales (redes sociales, *mailing*, revistas virtuales, web).
- Los artistas que participen en las muestras podrán acceder de manera gratuita, a un espacio en la galería virtual de www.3plantas.com.ar. Es requisito para participar de este espacio contar con imágenes digitales de las obras con buena calidad para una adecuada presentación.

CONSIDERACIONES GENERALES

Será responsabilidad del artista:

- El cumplimiento en tiempo y forma con las fechas y horarios acordados para la recepción, montaje, desmontaje y retiro de las obras.
- Referente a las obras, deberá financiar el presupuesto de marcos, bastidores y bases, el embalaje y el traslado.
- Mantener indemne a 3Plantas frente a cualquier reclamo de terceros que por cualquier causa o motivo se relacione con las obras expuestas. En tal sentido el artista declara y garantiza ser titular de los derechos de propiedad intelectual sobre la obra y que a

su leal saber y entender la exhibición de la misma no vulnera ninguna previsión legal, contrato, derecho o propiedad de terceros.

- 3Plantas no se responsabiliza por ninguna clase de daño: hurto, robo, golpes o cualquier tipo de accidente ocurrido a las obras.
- El artista reconoce expresamente que 3Plantas es la única titular de los derechos de propiedad relativos a las marcas, logotipos, signos distintivos, denominaciones o diseños de la empresa que vayan a ser utilizados en la difusión de la exposición.

Será responsabilidad de 3Plantas:

- El diseño de materiales impresos, audiovisuales u otros como catálogos, folletos, tarjetas, ploteo de textos, epígrafes, fichas técnicas, etc.
- Proveer los elementos para la correcta inauguración.
- Difusión y publicidad.
- La realización del proyecto -guion conceptual y museográfico- y de la producción simbólica (textos) de la exposición.
- El montaje (plano del espacio, proyección de obras, iluminación, sonido y mantenimiento).
- El desmontaje, embalaje y entrega de obra.
- El desarrollo de actividades de extensión a la comunidad.

Cualquier situación no determinada en las presentes condiciones será resuelta por la organización, gestión y curaduría; previa negociación con los artistas.

El hecho de participar y exponer en el espacio de 3Plantas implica la total aceptación de las cláusulas anteriormente presentadas.

Adaptado de www.3plantas.com.ar

PREGUNTAS

1. El área de difusión de este centro promueve las artes visuales mediante:

a) Certámenes no permanentes de obras de artistas consagrados.
b) Exhibiciones permanentes de obras de jóvenes con talento artístico.
c) Muestras temporales de obras de artistas noveles.

2. Los artistas que deseen exponer sus obras en este espacio:

a) Deben enviar por correo electrónico fotografías de su obra tras ser preseleccionados.
b) Serán preseleccionados tras superar una entrevista personal o telefónica.
c) Deben enviar al centro un informe sobre su obra y sus datos personales.

3. Las fechas de exposición:

a) Se fijarán de mutuo acuerdo entre el centro y el artista.
b) Son decisión del centro en función de sus compromisos anuales.
c) Son responsabilidad del artista según cuándo pueda entregar y retirar sus obras.

4. El público visitante:

a) No tiene que adquirir entrada para ver la exposición.
b) Podrá ver las obras en cualquier momento durante el periodo de exposiciones.
c) Está invitado a la inauguración de la muestra previa solicitud de cita.

5. El artista es responsable de:

a) El montaje, iluminación y ambientación de sus obras en el espacio de la muestra.
b) El traslado y la retirada de las obras al término de la exposición.
c) La publicidad de sus obras en los medios gráficos y virtuales.

6. El centro se compromete a:

a) Anunciar y dar a conocer el evento.
b) Responder de los derechos de propiedad intelectual de las obras presentadas.
c) Realizar fotografías de las obras para mostrarlas en su galería digital.

TAREA 2

A continuación va a leer un texto del que se han extraído seis párrafos. Después, lea los siete fragmentos, a)-g), y decida en qué lugar del texto, 7-12, va cada uno. Hay un fragmento que no tiene que elegir.

Finalidad del arte

La función del arte ha cambiado al cambiar la sociedad. Todo arte está condicionado por el tiempo y representa la humanidad en la medida en que corresponde a las ideas y aspiraciones, a las necesidades y esperanzas de una situación histórica particular.

El arte, en sus orígenes, estuvo ligado a la magia. **7**__________. La sociedad primitiva era una forma de colectivismo muy acusado. Lo más terrible era ser expulsado de la colectividad, quedarse solo. El alejamiento del grupo o tribu significaba, para el individuo, la muerte. El colectivo significaba la vida, era lo que daba sentido a esta. **8**____________. La necesidad de creación de un mundo superpuesto a la misma naturaleza es el origen de la necesidad humana de expresarse artísticamente.

En nuestra época, el capitalismo ha mercantilizado la obra de arte, ha aislado al arte y al artista de la comunidad, y ha impedido el cumplimiento de su función social. La moda del arte y fetichismo nos están haciendo olvidar que hay una alienación especulativa o política. **9**____________.

Pero ¿por qué ese abismo entre arte y sociedad? El capitalismo ha hecho que el arte pierda el carácter público que tenía en otras épocas, y lo ha transformado en mercancía de consumo individual, donde el valor del cambio es más importante que su valor estético. **10** ____________ .

Lo que más daño hace a los problemas de la deshumanización de las artes es la aparición de una industria de las diversiones, con inmensas masas de consumidores del arte. **11**____________ .

Un arte que ignore vanidosamente las necesidades de las masas y se alabe de ser comprendido únicamente por una selecta minoría abre de par en par las puertas a todos los residuos producidos por las industrias de la diversión. **12**____________. La cultura debe ser un hecho colectivo, inmerso en la vida cotidiana y que se expresa en estilos de vida, modos de pensar y actuar. Cuando el artista descubre realidades nuevas, no lo hace solo para él, lo hace también para los demás, para todos los que quieren saber en qué mundo viven, de dónde vienen y a dónde vamos.

El arte debe formar parte activa y expresiva de la realidad total, ser verdaderamente significativo para las masas y reasumir la funcionalidad social que le es inherente y tuvo en otras épocas.

Adaptado de www.solidaridad.net

FRAGMENTOS

a)

Solo tenemos que fijarnos un poco en las larguísimas colas que se producen para ver exposiciones de arte que quizá llevaban media vida en esa misma ciudad, pero que ha hecho falta que alguna entidad privada (hoy en día, la mayoría de las exposiciones están patrocinadas por bancos o cajas de ahorros) o algún alcalde les haya dado más publicidad para su propio beneficio.

b)

La cultura no debe ser creada por una élite iluminada y superior, en la que el pueblo solo participa como receptor.

c)

El arte, en todas sus formas (lenguaje, danza, cantos rítmicos, ceremonias mágicas), era la actividad social por excelencia, una actividad en la que todos participaban y que elevaba a todos los hombres por encima del mundo natural y animal.

d)

El arte se ha convertido en una actividad separada de la vida, su desaparición implica la desaparición de las causas que determinaron su necesidad para el hombre, y puede significar la incautación humana de la naturaleza.

e)

El arte es una forma de expresión que va cambiando con el tiempo y con la historia a la que pertenece y a la que representa.

f)

En los principios de la humanidad tenía muy poco que ver con la belleza y nada en absoluto con el deseo estético, era un instrumento mágico o un arma del colectivo en la lucha por la supervivencia.

g)

Es un mercado consumidor económicamente poderoso y manipulado por intereses comerciales que necesita renovar la oferta, inventando modas transitorias que desnaturalizan la creación estética y su función social.

TAREA 3

A continuación va a leer un texto sobre el Paleolítico en España. Después, elija la opción correcta, a), b) o c), para las preguntas, 13-18.

EL ARTE PALEOLÍTICO EN ESPAÑA

Hasta hace poco se pensaba que el hombre del Paleolítico Inferior no tenía aún ningún tipo de sentido religioso, pero los recientes descubrimientos en la Sima de los Huesos de Atapuerca han desmentido tal afirmación dando pie además a pensar que el desarrollo inicial del arte (generalmente asociado al concepto de lo trascendental) pudo remontarse a esa etapa.

Las obras de arte solían hacerse en lo más profundo de las cuevas y entre los temas favoritos encontramos las imágenes de animales (algunos extintos como mamuts o uros y otros reconocibles en la actualidad como bisontes, caballos, gacelas, osos, ciervos o toros de asombroso realismo) bien plasmados en grupo, o bien de manera individual. En ocasiones se incluían signos como manos impresas a modo de tampón o contorneadas (soplando la pintura por la boca a modo de aerosol), símbolos abstractos o figuras humanas en escenas de caza o lucha en las que está siempre ausente el paisaje, pero que en cambio tienen un movimiento y una naturalidad sorprendentes.

El hombre prehistórico basaba su subsistencia en la caza y la recolección de alimentos como bayas, raíces, etc., y su actividad cotidiana se desarrollaba en competencia directa con multitud de especies de depredadores que amenazaban su vida y de las que tenía que defenderse. La importancia que la actividad cinegética tenía en aquellas sociedades queda patente en esa abundancia en la representación de estos animales salvajes.

Entre las técnicas más habituales con las que se ejecutaban las imágenes está la pintura, llevada a cabo a base de pigmentos naturales como el ocre, el carbón o el manganeso. Esto daba lugar a colorantes de tonos rojizos, negros o amarillentos disueltos en grasa animal, que podían aplicarse con los dedos o con ramas y fibras a modo de pincel. Hay imágenes que aparecen perfiladas solamente o con el interior decorado simulando volumen, y resulta característico que las siluetas siempre aparezcan de perfil. Sin embargo, también encontramos relieves y grabados, de hecho no resulta extraño encontrar pinturas que han aprovechado resaltes y abultamientos en la roca para conferir tridimensionalidad a la figura.

Existen muchas teorías que tratan de explicar el significado de este tipo de representaciones, y la más difundida es la que defiende que su función era propiciar la caza; sin embargo, también puede asociarse con un significado religioso o con una forma de transmitir ritos y leyendas. Si nos atenemos a la primera explicación, resulta curioso que los animales más frecuentes en las paredes de las cuevas no fueran precisamente los más habituales en su dieta; y además de plantas y semillas que también formaban parte de su alimentación tampoco se han encontrado imágenes. Pero de cualquier manera lo que parece claro es que existió algún tipo de intención mágica en su creación.

Pero además el hombre del Paleolítico nos ha legado otras manifestaciones de su arte en forma de objetos rituales decorados, adornos personales, pequeñas esculturas de animales o deliciosas estatuillas femeninas como la conocida Venus de Willendorf o la de Laussel, con los atributos sexuales y las formas femeninas muy resaltadas como símbolos de fecundidad, pero con el rostro apenas esbozado.

La estratigrafía asociada a estos restos resulta además sumamente útil a la hora de datar el arte parietal.

No nos han quedado indicios de arquitectura, aunque podemos suponer que algunas de las cuevas hicieron las veces de santuarios. Pero aun así, y dejando aparte el debate sobre si su intención primigenia era mágico-religiosa o meramente estética, lo cierto es que nuestros antepasados nos han dejado muestras de sobra que nos hablan de su sensibilidad artística y su gran sentido de la belleza.

Adaptado de www.arteespana.com

PREGUNTAS

13. Según el texto:
- **a)** La conciencia religiosa del hombre primitivo era prácticamente nula.
- **b)** La idea de lo trascendente está directamente relacionada con la aparición del arte.
- **c)** Las cuevas donde vivían los animales eran donde se llevaban a cabo las creaciones artísticas.

14. El texto dice que el tema más recurrente en las obras del Paleolítico Inferior son:
- **a)** Figuras de animales que pueden aparecer o no en grupo.
- **b)** Signos y símbolos abstractos, como manos, etc.
- **c)** Escenas de caza de admirable realismo.

15. El texto afirma que las pinturas de aquella época:
- **a)** No son más que siluetas perfiladas y sin relieve.
- **b)** Nunca representan figuras de frente.
- **c)** Se realizaban mezclando diversas grasas animales.

16. La hipótesis más extendida sobre el sentido de estas manifestaciones dice que:
- **a)** Tenían probablemente un sentido mágico.
- **b)** Se realizaban porque creían que así favorecerían su actividad cazadora.
- **c)** Mostraban en qué consistía la alimentación de los hombres primitivos.

17. Los objetos artísticos de la época que han llegado a nuestros días, según el autor:
- **a)** Son muy valiosos para fechar la época en que se realizaron.
- **b)** Se han encontrado en cuevas que servían como santuarios.
- **c)** Son básicamente objetos de uso común en la vida diaria de estos hombres.

18. Según el texto, en el Paleolítico Inferior:
- **a)** Las artes eran principalmente arquitectónicas, escultóricas y pictóricas.
- **b)** Los hombres tenían ya inquietudes estéticas y/o artísticas.
- **c)** Las cuevas eran solo lugares donde realizar rituales mágicos.

TAREA 4

A continuación va a leer varias reseñas sobre diferentes muestras de arte. Elija el texto, a)-f), que corresponde a cada enunciado, 19-26. Hay textos que deben ser elegidos más de una vez.

a) La imagen del cuerpo humano ha sido base, fundamento y motivo de inspiración en todas las manifestaciones artísticas, desde las escuetas y abstraídas figuras rupestres en las cuevas de Altamira y Lascaux, pasando por las regordetas vírgenes de Dordogne y Willendorf, las hieráticas figuras egipcias, la rigidez de la estatuaria arcaica griega, la fría proyección, pero perfecta del periodo clásico o heleno, el dramatismo helenístico, la distancia y frialdad del románico y el gótico, la exuberante belleza del Quatrocento y el Cinquecento, el misterio de los juegos de luces y sombras del Barroco, la reprimida belleza del Neoclasicismo, el exotismo del Romanticismo, la simpleza del Realismo, la imprecisa imagen del Impresionismo, la ruptura y proyección desbordante y onírica de los istmos y movimientos del siglo xx, es el cuerpo humano el centro de toda la individualidad del propio ser humano. Toda esa tradición pictórica la recoge Rosado Muñoz en la presente muestra.

b) Murakami ha desarrollado una peculiar síntesis entre arte pop americano y cultura japonesa reinventada sin jerarquías, donde la tradición antigua se funde con iconos pop, y llama a este estilo «Superflat» (Superplano), un término utilizado para describir la falta de profundidad perspéctica y, en general, la representación del espacio en la pintura oriental y esa peculiar mezcla de estilos que refleja la influencia de la cultura americana sobre la japonesa y donde el Superflat no es el sucesor auténtico del pop sino su hijo «ilegítimo», falso e híbrido.
Murakami ha sabido combinar, de forma excepcional, la creatividad occidental, la estética comercial y la tradición japonesa, desembocando en lo que algunos han denominado el «Warhol nipón».

c) A los que nos gusta la fotografía estamos de suerte porque la obra del fotoperiodista español Santos Yubero, *Crónica fotográfica de medio siglo de vida española 1925-1975,* es una estupenda exposición que muestra medio siglo de vida española.
La muestra se encuentra dividida en dos ámbitos, «España entre dos dictaduras» y «Los días del franquismo». Se compone de 160 fotografías positivadas en distintos formatos, y alrededor de 200 en una gran proyección, entre las que se encuentran imágenes de Santos Yubero, de sus socios César y Alberto Benítez Casaux, así como de sus ayudantes, Gabriel Carvajal, Luis Milla, Ignacio Teresa y Lucio Soriano. Permanecerá abierta hasta el 16 de enero en la Sala Alcalá 31.

d) Por primera vez en treinta años, Montevideo recibe una obra clásica en su versión original. Desde la vecina ciudad de Buenos Aires llega a la capital de Uruguay el Ballet del Teatro Colón, con más de 50 bailarines en escena para presentar el clásico *La Bella Durmiente del Bosque* en su versión completa, con todos sus actos. Será una oportunidad histórica de apreciar esta obra clásica en todo su esplendor, con el mejor nivel artístico y la mayor rigurosidad técnica. Durante este esfuerzo sin precedentes de nuestro mayor escenario, pasarán por Montevideo las mejores compañías de *ballet* de la región. El Teatro Colón con su cuerpo estable estará presente en dos ocasiones con: *La Bella Durmiente* y *Romeo y Julieta* (septiembre).

e) Adrián Guerrero muestra sus esculturas en las que aborda los cambios en la forma de ver y entender la vida, la realidad y el arte en la sociedad actual. El propio artista nos explica que: «Conforme nos vamos transformando como sociedad a través de los tiempos va cambiando nuestra forma de ver las cosas. Nos acostumbramos a ver todo más rápido y en mayor cantidad, pareciera que cada vez estamos más preconcebidos para formar parte del sistema social, ya no es cuestión de buscar nuestro lugar, sino de simplemente adaptarnos a donde nos va tocando pertenecer. Hemos ido olvidando significados, creencias, lenguajes, esa es nuestra realidad actual. REALIDAD ES pretende ser una recopilación de algunas de estas problemáticas a través de mi lenguaje personal; en algunos casos analizo, en otros documento y en otros más hago una crítica de cómo percibo estos cambios de realidades que cada vez van con mayor velocidad».

f) Perú Home es una iniciativa de la Dirección Nacional de Artesanía del Perú orientada al mercado internacional que hoy se presenta por primera vez al mercado local. Esta exposición-venta trae consigo tres conceptos: el refinamiento de lo colonial, la exuberancia de la naturaleza y el colorido de nuestra vida y pasado incaico. Con esta exposición se pretende revalorar la herencia cultural peruana recreando un estilo de vida en artículos contemporáneos para el hogar basándose en una artesanía viva de gran colorido, exquisito estilo y espíritu auténtico, que une la tradición de diversas técnicas artesanales y la habilidad de nuestros diseñadores y artesanos.

Adaptado de varias fuentes

ENUNCIADOS

19. Solo uno de estos textos hace referencia a una de las artes escénicas.	a)	b)	c)	d)	e)	f)
20. En una de las exposiciones se muestran objetos que tienen una finalidad práctica.	a)	b)	c)	d)	e)	f)
21. La obra de este artista se ha visto influenciada por los diferentes estilos surgidos a lo largo de la historia.	a)	b)	c)	d)	e)	f)
22. La falta de perspectiva caracteriza la obra de este artista.	a)	b)	c)	d)	e)	f)
23. El artista intenta reflejar en su obra el vertiginoso ritmo de vida actual.	a)	b)	c)	d)	e)	f)
24. En una de las exposiciones se exhiben muestras de una de las artes gráficas a mediados del siglo XX.	a)	b)	c)	d)	e)	f)
25. La representación de la figura corporal es el eje temático de la obra de este artista.	a)	b)	c)	d)	e)	f)
26. Más de medio centenar de personas colaboran para poder llevar a cabo esta manifestación artística.	a)	b)	c)	d)	e)	f)

TAREA 5

A continuación va a leer un texto sobre Gaudí. Elija la opción correcta a), b) o c), para completar los huecos, 27-40.

Biografía de Gaudí

Años antes de que su arquitectura despertara el interés del mundo entero, Antoni Gaudí (1852-1926) se vio obligado a recorrer las calles de Barcelona vestido con harapos en busca de algún ___**27**___ para continuar la Sagrada Familia; sus obras fueron crudamente ridiculizadas en las revistas cómicas de la época, y algunos de sus ___**28**___ no dudaron en abandonarle, incapaces de comprender su trabajo. Sin embargo, las contradicciones por las que tuvo que pasar han quedado eclipsadas por la genialidad de su obra.

La publicación de esta biografía en catalán puede dar a conocer la figura de Gaudí a un público amplio. Desde la ___**29**___ del título de arquitecto hasta su muerte en un hospital de la ciudad, la vida de Gaudí se resume en una ___**30**___ cada vez más intensa a la que ___**31**___ su obra maestra, la Sagrada Familia. Y esta es, a grandes rasgos, la odisea que Josep Maria Tarragona describe mediante la concatenación de anécdotas y la dosificada descripción de los edificios ___**32**___ por la mano del arquitecto.

Con el escenario central en la Sagrada Familia y el punto de ___**33**___ en Gaudí, el texto supera la simple biografía y constituye una auténtica ___**34**___ de la Barcelona de finales del XIX y primer cuarto del XX, época dorada de la cultura y el arte de Cataluña. Las visitas de ____**35**___ como Alfonso XIII, Unamuno o Joan Maragall al templo dan pie a descubrir el verdadero significado de cada uno de los elementos de la arquitectura de Gaudí. De este modo se comprende que la extraña belleza de sus obras queda ampliamente superada por una riqueza conceptual que las convierte en indiscutible genialidad.

Tarragona construye esta biografía casi como un anecdotario, donde los episodios se suceden más o menos cronológicamente y ___**36**___ un retrato de la sociedad al estilo de los impresionistas. Esta técnica confiere al texto un dinamismo poco frecuente en los ___**37**___ biográficos y, aunque en algunos momentos pueda disminuir la claridad, sirve para plasmar la talla humana y la personalidad del arquitecto en las diferentes situaciones a las que___**38**___ . En definitiva, el autor aprovecha aquellos ingredientes que le ___**39**___ una buena acogida para su anterior libro, Vidal i Barraquer.

De la república al franquismo, como son el estilo llano y cuidado, el ___40___ al tratar una época compleja y pasional, el respeto y la simpatía hacia el biografiado y la reconstrucción de su vida a través de una premeditada sucesión de anécdotas.

Adaptado de www.aceprensa.com

Opciones

27.	a) donativo	b) regalo	c) don
28.	a) mentores	b) mecenas	c) consultores
29.	a) adquisición	b) obtención	c) solicitud
30.	a) devoción	b) desgana	c) dedicación
31.	a) será	b) sea	c) había sido
32.	a) construidos	b) alzados	c) diseñados
33.	a) mira	b) vista	c) atención
34.	a) narración	b) crónica	c) relación
35.	a) personajes	b) caracteres	c) ilustraciones
36.	a) figuran	b) respaldan	c) tejen
37.	a) retratos	b) relatos	c) repositorios
38.	a) se enfrentará	b) se enfrentó	c) se hubiera enfrentado
39.	a) ganaron	b) hicieron	c) valieron
40.	a) candor	b) vigor	c) rigor

Anote el tiempo que ha tardado:

Recuerde que solo dispone de **90 minutos**

PRUEBA 2 Comprensión auditiva y uso de la lengua

50 min Tiempo disponible para las 4 tareas.

TAREA 1

CD II Pista 6

A continuación escuchará una conferencia sobre la música y las emociones en la que se tomaron las siguientes anotaciones. La oirá dos veces. Después, elija para cada anotación, 1-6, la palabra o fragmento correspondiente entre las doce opciones, a)-l), que se le ofrecen.

ANOTACIONES

1. La música influye en nuestro ____________ .
2. Al contrario de lo que sucede con la información procedente de otros sentidos, la música nos llega primero a través de ______________ .
3. Cuando estamos bajo una ____________ intensa, parece que es más difícil pensar con lógica.
4. El hecho de escuchar música tanto agradable como desagradable ejercita ____________ del cerebro.
5. Procesamos de forma racional el sonido del lenguaje, pero no ocurre lo mismo con _____________ .
6. Curiosamente la música más bella y tranquila puede producir en nosotros ___________ .

a) los tonos de voz
b) la alegría
c) el inconsciente
d) la agresión física
e) sentimientos de tristeza
f) tensión emocional
g) estado de ánimo
h) facultades cerebrales
i) ambos lóbulos
j) la razón
k) nuevos desafíos
l) sensaciones

TAREA 2

CD II Pista 7

A continuación escuchará cuatro conversaciones. Oirá cada una dos veces. Después, seleccione la opción correcta, a), b) o c), para cada pregunta, 7-14.

PREGUNTAS

CONVERSACIÓN 1

7. El conservatorio de música:
- **a)** Solo admite alumnos que deseen convertirse en músicos profesionales.
- **b)** Ofrece cursos para aquellos que quieren comenzar a formarse musicalmente.
- **c)** Tiene talleres de lenguaje musical y canto para mayores de 16 años.

8. La mujer que telefonea:
- **a)** Está interesada en hacer un curso regular de nivel inicial.
- **b)** Quiere que su hija reciba clases particulares de canto.
- **c)** No tiene claro lo que va a hacer.

CONVERSACIÓN 2

9. La pareja acude a un estudio de fotografía para:

a) Contratar un profesional que haga un reportaje de la ceremonia de su boda.
b) Pedir presupuesto de un reportaje gráfico para el día de su boda.
c) Ser retratados durante los últimos minutos que van a vivir como solteros.

10. La oferta del estudio incluye:

a) Un reportaje completo en DVD y CD y un álbum con todas las fotografías en papel.
b) Dos álbumes, un DVD y un CD con las fotos y una fotografía de estudio de la pareja.
c) Un álbum en papel y otro digital, un DVD y una selección de fotos en un CD.

CONVERSACIÓN 3

11. El hombre:

a) Desea adquirir una obra de arte.
b) Es un coleccionista y quiere comprar obras de artistas famosos.
c) Solo admira el arte de vanguardia.

12. La mujer:

a) Piensa que ya hay demasiados objetos en la sala y prefiere no poner nada.
b) Duda que un cuadro moderno vaya bien con el resto de la decoración.
c) Se preocupa por el precio de las obras auténticas y prefiere las reproducciones.

CONVERSACIÓN 4

13. El chico:

a) No sabe si estudiar Derecho o Bellas Artes.
b) Teme la reacción de sus padres cuando les cuente sus planes.
c) Tiene miedo de que no le admitan en Bellas Artes.

14. La chica:

a) Piensa que Bellas Artes tiene más salidas profesionales que la abogacía.
b) Intenta disuadir a su amigo de convertirse en artista aunque retrate bien.
c) Cree que los estudiantes de Bellas Artes tienen una formación muy completa.

CD II
Pista 8

TAREA 3

A continuación escuchará una entrevista con un famoso cantante de ópera. La oirá dos veces. Después, seleccione la opción correcta, a), b) o c), para cada pregunta, 15-20.

PREGUNTAS

15. Roberto Feltri:

a) Desde muy pequeño sabía que su objetivo era cantar ópera.
b) Desarrolló una actividad artística diferente a la música durante una época de su vida.
c) Al principio tenía dudas sobre si ser pianista o violinista.

16. En opinión de este barítono, la música:

a) En las personas tiene un influjo totalmente efímero.
b) No influye tanto en los adultos como en los niños.
c) Es el arte que más influye en las emociones y estado de ánimo.

17. Feltri decidió dedicarse al canto:

a) Porque sentía que estaba capacitado para ello.
b) Desde que vio una representación de *Rigoletto*.
c) Porque así podía decidir qué personajes representar.

18. Los personajes que ha representado en su carrera:
- **a)** Siempre los ha elegido él mismo.
- **b)** No han sido cómicos sino dramáticos.
- **c)** Hacen que se identifique tanto con ellos que casi lo llevan a la locura.

19. Según Feltri las autoridades deberían apoyar la ópera:
- **a)** Como inversión para contrarrestar los efectos de una economía en crisis.
- **b)** Para que no solo las compañías discográficas obtengan beneficios.
- **c)** Para atender a una parte de la población que no se contenta con la mediocridad.

20. Según Feltri, el mayor problema para la ópera es que:
- **a)** No seduce a un público joven.
- **b)** Existe el interés de que la cultura no llegue a todos los sectores.
- **c)** Los grandes talentos deciden buscar futuro económico en otros países.

CD II
Pista 9

TAREA 4

Usted va a escuchar diez breves diálogos. Escuchará cada uno dos veces. Después, seleccione la opción correcta, a), b) o c), para cada pregunta, 21-30.

DIÁLOGO 1

21. Ambas personas piensan que el niño:
- **a)** Ha hecho un retrato de su padre.
- **b)** Intenta imitar a su padre.
- **c)** Físicamente se parece mucho a su padre.

DIÁLOGO 2

22. Federico confiesa que su relato:
- **a)** Es demasiado largo.
- **b)** Se ha manchado de tinta.
- **c)** Le ha costado un gran esfuerzo.

DIÁLOGO 3

23. Sobre el cuadro Pilar dice que:
- **a)** Ha pagado mucho dinero por él.
- **b)** Le ha costado mucho transportarlo.
- **c)** Estuvo dudando si adquirirlo o no.

DIÁLOGO 4

24. En opinión de la segunda persona, la niña:
- **a)** Es un poco cabezota.
- **b)** Tiene talento para ser bailarina.
- **c)** Debería hacer un poco más de ejercicio.

DIÁLOGO 5

25. Juan cree que el cantante:
- **a)** Emite notas falsas y chillonas.
- **b)** Tiene un tono de voz demasiado agudo.
- **c)** Parece un gallo cuando canta.

DIÁLOGO 6

26. Sobre las entradas Carlos reconoce que:
- **a)** Las encontró de casualidad.
- **b)** No le fue fácil conseguirlas.
- **c)** Las adquirió con mucha antelación.

DIÁLOGO 7

27. Según Ana, Jaime:
- **a)** Tiene una actitud chula e insolente.
- **b)** Escucha demasiado flamenco.
- **c)** Va vestido con un traje de flamenco.

DIÁLOGO 8

28. Rosa piensa que el conferenciante:
- **a)** Parecía un actor.
- **b)** Tenía suficiente formación académica.
- **c)** Dominaba el tema y se desenvolvía con naturalidad ante el público.

DIÁLOGO 9

29. El hermano de Lucía:
- **a)** Provoca escándalos con frecuencia.
- **b)** Actúa en espectáculos teatrales callejeros.
- **c)** Tiene una imaginación desorbitada.

DIÁLOGO 10

30. El hombre:
- **a)** No está dispuesto a ir al concierto.
- **b)** Asistirá porque se lo recomienda Yolanda.
- **c)** Tiene tiempo para estar con Yolanda.

Anote el tiempo que ha tardado:

Recuerde que solo dispone de **50 minutos**

PRUEBA 3 C. auditiva y expresión e interacción escritas

80 min Tiempo disponible para las 2 tareas.

CD II Pista 10

TAREA 1

A continuación escuchará la primera parte de una conferencia sobre el coleccionismo de arte. La escuchará dos veces. Después, redacte una argumentación (220-250 palabras) recogiendo los puntos principales y exprese de forma justificada su punto de vista. Durante la audición puede tomar notas.

TAREA 2

Elija una de las siguientes opciones y redacte un texto formal (220-250 palabras) según las indicaciones que se le dan en cada opción.

Opción 1

Usted ha leído el siguiente anuncio en Internet. Escriba una carta presentándose e interesándose por esta beca y por conocer más detalles de la misma.

BECAS MILENIUM PARA ARTISTAS, CREATIVOS Y ESCRITORES

El programa de becas en la residencia Milenium se crea con el objetivo de ayudar a artistas plásticos y escritores de todo el mundo a realizar sus proyectos creativos.

CONCEPTO: Una residencia artística es un nuevo concepto al servicio de la creatividad que proporciona al artista un tiempo para crear, lejos del estrés laboral y familiar, en un entorno físico y medioambiental óptimo, y en contacto con artistas y creativos de varias disciplinas procedentes de todos los países.

OBJETIVO: El programa pretende que los beneficiarios de la beca dediquen un tiempo a desarrollar su creatividad mientras conviven, trabajan, crean e intercambian ideas, técnicas, iniciativas, experiencias, inquietudes y conocimientos con otros colegas en un ambiente de cordialidad, armonía, colaboración y respeto mutuo.

CANDIDATOS: Artistas plásticos y visuales (pintores, escultores, dibujantes, etc.), estudiantes, licenciados, profesores, creativos, diseñadores, publicistas, fotógrafos, escritores, poetas, periodistas, guionistas de cine y TV, productores, directores, compositores, músicos, etc., de todo el mundo.

Opción 2

Le han encargado elaborar el programa de fiestas de su ciudad. Escriba un informe en el que:

- Mencione las actividades artísticas y culturales que desearía incluir.
- Justifique su selección.
- Reitere la importancia de este tipo de eventos para la población.

Anote el tiempo que ha tardado:

Recuerde que solo dispone de **80 minutos**

PRUEBA 4

C. de lectura y expresión e interacción orales

20 min Tiempo disponible para las 3 tareas.

20 min Tiempo de preparación.

TAREA 1

Usted debe hacer una presentación oral (3-5 minutos) sobre el siguiente texto. Su exposición debe incluir los siguientes puntos:

- *Tema central.*
- *Ideas principales y secundarias.*
- *Comentario sobre ideas principales.*
- *Intención del autor si procede.*

Puede tomar notas y consultarlas, pero no puede hacer una lectura de las mismas.

La educación artística a edades tempranas

Desde que nace, el hombre se relaciona con un ambiente estético determinado. En la familia recibe las primeras nociones sobre moral, folclore, tradiciones, etc., pero es en las instituciones donde se continúa e introducen nuevos elementos que permiten el desarrollo de un individuo estéticamente preparado para apreciar, comprender y crear la belleza en la realidad.

La educación estética se refiere en sí a la formación de una actitud ética y estética hacia todo lo que rodea al individuo. Un desarrollo estético correctamente organizado está unido siempre al perfeccionamiento de muchas cualidades y particularidades físicas y psíquicas de los niños de todas las edades y tiene especial relevancia en la etapa preescolar, pues en esta precisamente se sientan las bases de la futura personalidad del individuo.

Las impresiones artísticas que los niños reciben perduran por mucho tiempo, a veces impresionan su memoria para toda la vida. Aquellas que no poseen un gran valor estético les pueden distorsionar el gusto o crearles falsos criterios artísticos. Es por ello que la educación estética no debe considerarse solamente como un complemento de los aspectos que componen la formación integral del individuo, sino como una parte intrínseca, inseparable de cada una de las actividades que inciden directa o indirectamente en la formación del niño.

Las teorías principales de la educación estética son:

- El desarrollo de la percepción estética, los sentimientos y las ideas.
- El desarrollo de las capacidades artístico-creadoras.
- La formación del gusto estético.

La vía fundamental para lograr una educación estética es la educación artística a través de la cual forma actitudes específicas, desarrolla capacidades, conocimientos y hábitos necesarios para percibir y comprender el arte en sus más variadas manifestaciones y condiciones histórico-sociales, además de posibilitar la destreza necesaria para juzgar adecuadamente los valores estéticos de la obra artística.

- La educación artística se expresa a través de la plástica, la danza, el teatro, la literatura y la música.
- En la plástica se expresa mediante el dibujo, la pintura, la escultura, el óleo, la témpera, la plastilina, el barro y otros materiales.

Los museos, las galerías de arte, las revistas, las exposiciones, etc., permiten el disfrute de esta manifestación.

- En la danza se expresa mediante movimientos corporales que siguen rítmicamente las audiciones de diferentes géneros.
- En el teatro se expresa fundamentalmente mediante la palabra y el gesto, su obra se realiza en distintos escenarios.
- En la literatura se expresa fundamentalmente mediante la palabra. Disfrutaremos de ella a través de novelas, cuentos, obras dramáticas, en vivo o a través de los medios de difusión masiva.
- En la música podrá expresarse mediante el canto o la ejecución de diversos instrumentos, por otra parte es posible disfrutar de ellos a través de audiciones, conciertos, etc. Y tiene dos vertientes fundamentales con diferencias y semejanzas, con puntos convergentes e interrelación dialéctica.

La primera vertiente es la enseñanza de la música y la segunda es la educación musical. La primera está encaminada a formar músicos especializados, proporciona los conocimientos técnicos necesarios al músico profesional, se da en escuelas especializadas donde se imparten asignaturas propias de la carrera (armonía, contrapunto, instrumentos, etc.).

La segunda (educación musical) se da en todas las enseñanzas y juega un papel fundamental en la formación integral del individuo, no solo en las actividades específicamente musicales, sino también en la ampliación de su percepción general, visual y auditiva favoreciendo el estado emocional, el desarrollo físico y la capacidad creadora.

Por otro lado, la educación musical, fundamentalmente en la etapa preescolar, está encaminada a educar musicalmente de forma masiva a niños y tiene como base fundamental el ritmo, la expresión corporal, la apreciación y la ejecución de instrumentos musicales sencillos, de fácil manejo para los niños que les posibilitará hacer música de un modo vivo y creador.

No está limitada para niños que tienen determinado interés hacia la música, está dirigida a todos en general y su principal objetivo es educarlos musicalmente, así como desarrollar las capacidades, conocimientos, hábitos y habilidades que le permitirán tener una valoración musical de la realidad, a partir de la vivencia del fenómeno sonoro, lo que garantiza poseer valoraciones respecto al hecho sonoro en su conjunto.

Adaptado de www.oei.org.co

NOTAS

TAREA 2

Usted debe mantener una conversación con el entrevistador (4-6 minutos) sobre el tema del texto de la Tarea 1. En la conversación, usted debe:
- Dar su opinión personal sobre el tema;
- Justificar su opinión con argumentos;
- Rebatir, si procede, las opiniones que exprese su interlocutor.

MODELO DE CONVERSACIÓN

1. Opinión del candidato y justificación.

¿Cuál es su opinión respecto a este tema? ¿Podría comentarla?

2. Turnos de intervención candidato-examinador.

Ejemplos de intervención del examinador:

- ¿Recibió o le hubiera gustado recibir educación artística en su infancia?
- ¿Qué cree que se debería hacer para fomentar el sentido de la estética en los colegios?
- ¿No cree que los niños de hoy en día tienen un programa de estudios demasiado cargado como para añadir el aprendizaje de música o de un instrumento musical?
- ¿Cree usted que el arte nos hace ser más felices?
- ¿Qué consideración social piensa que merecen los artistas?
- ¿Cuál de las Bellas Artes aprecia más usted y por qué?

TAREA 3

Está diseñando una página en Internet de un centro cultural donde se imparten clases de teatro, danza, literatura, artesanía tradicional, etc., a niños y a adultos y ha de elegir una foto para ilustrarla. La foto debe:
- Mostrar las actividades del centro.
- Ofrecer una imagen dinámica y atractiva para todos.

Aquí tiene las cuatro fotos. ¿Cuál debería ser la elegida? Discuta su elección con el entrevistador (4-6 minutos) hasta llegar a un acuerdo. Recuerde que puede interrumpir a su interlocutor, pedir y dar aclaraciones, argumentar, etc.

Presentación y motivo de la carta

- *Les escribo esta carta en relación con… que ofrece…*
- *He leído el anuncio publicado en… sobre la concesión de becas para...*
- *Les escribo con el interés de informarme sobre la concesion de becas para…*

Mostrar interés por la beca

- *Estoy muy interesado en solicitar…*
- *Creo reunir los requisitos/las cualidades necesarios/as para obtener…*
- *Como (titulación, formación, profesión)…, me gustaría solicitar…*

Pedir información

Además/También/Asimismo...

- *quisiera que me enviaran información sobre...*
- *me gustaría que me proporcionaran…*
- *les estaría muy agradecido si me detallaran...*
  todas aquellas cuestiones relacionadas con los requisitos, incompatibilidades, residencia, incorporación, dotación y forma de pago, tipo de proyecto y duración, etc.

Agradecer

- *Les quedo muy agradecido...*
- *Les agradezco su atención...*
- *Agradeciéndoles su atención...*

Actividades

Corridas de toros, conciertos al aire libre, fuegos artificiales, verbenas, romerías, concursos, teatro de calle, teatro infantil, cuentacuentos, competiciones deportivas, pasacalles, exposiciones, desfiles, gigantes y cabezudos, fuegos artificiales, elección de reina de las fiestas, etc.

Ordenar la información

- *Ante todo, en primer lugar, empezaré diciendo, para empezar...*
- *Por una parte..., por otra...*
- *Por un lado..., por otro...*
- *Además, asimismo,...*
- *De todas maneras, en cambio, no obstante, sin embargo...*
- *O sea, es decir, como ya he dicho...*
- *Para terminar, para concluir, concluyendo, por último, para finalizar...*

examen 6

MEDIOS DE COMUNICACIÓN Y DEPORTES

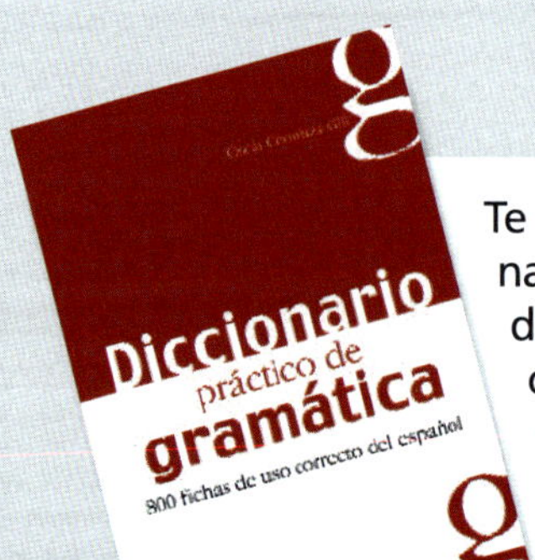

Te recomendamos este diccionario práctico para profundizar y consolidar tus conocimientos, así como para consultar dudas sobre la gramática y el uso correcto del español.

VOCABULARIO

DEPORTES

Adversario/a (el/la) ....
Alero (el) ....
Árbitro/a (el/la) ....
Atleta (el/la) ....
Campo (el) ....
Canasta (la) ....
Cancha (la) ....
Delantero (el) ....
Empate (el) ....
Encuentro (el) ....
Escapada (la) ....
Forofo/a (el/la) ....
Gol (el) ....
Grada (la) ....
Guardameta (el) ....
Hincha (el/la) ....
Marca personal (la) ....
Medalla (la) ....
Meta volante (la) ....
Oponente (el/la) ....
Pabellón (el) ....
Pelotón (el) ....
Penalti (el) ....
Pista (la) ....
Portería (la) ....
Portero/a (el/la) ....
Raqueta (la) ....
Recogepelotas (el/la) ....
Relevos (los) ....
Salto (el) ....
Saque (el) ....
Torneo (el) ....
Trampolín (el) ....
Tribuna (la) ....

Verbos

Disputar (un encuentro) ....
Marcar (un tanto) ....
Saborear (la victoria) ....
Subir (al podio) ....

TELEVISIÓN Y RADIO

Montaje (el) ....
Producción (la) ....
Productor/-a (el/la) ....
Guionista (el/la) ....
Realizador/-a (el/la) ....
Emisora (la) ....

Verbos

Emitir ....
Televisar ....
Retransmitir ....

PRENSA

Acontecimiento (el) ....
Actualidad (la) ....
Agencia de noticias (la) ....
Artículo (el) ....
Avance de noticias (el) ....
Carta al director (la) ....
Comunicado (el) ....
Contraportada (la) ....
Difusión (la) ....
Editorial (el) ....
Errata (la) ....
Exclusiva (la) ....
Flash (el) ....
Informativo (el) ....
Locutor/-a (el/la) ....
Nota de prensa (la) ....
Pie de foto (el) ....
Portada (la) ....
Prensa (la) ....
- del corazón ....
- amarilla ....
Presentador/-a (el/la) ....
Primicia (la) ....
Redactor/-a (el/la) ....
Reportaje (el) ....
Reseña cultural (la) ....
Revista del corazón (la) ....
Rueda de prensa (la) ....
Sucesos (los) ....
Sumario (el) ....
Tertulia (la) ....
Tirada (la) ....
Titular (el) ....

Verbos

Anunciar ....
Debatir ....
Difundir ....
Editar ....
Publicar ....
Redactar ....

EXPRESIONES

Al pie de la letra ....
Boca a boca ....
Cazar (algo) al vuelo ....
Devolver la pelota ....
Echar balones fuera ....
Luchar con uñas y dientes ....
Tirar la toalla ....

PRUEBA 1

Comprensión de lectura y uso de la lengua

90 min Tiempo disponible para las 5 tareas.

TAREA 1

A continuación va a leer un texto sobre becas y ayudas para deportistas de triatlón. Elija la opción correcta, a), b) o c), para las preguntas 1-6.

Federación Española de Triatlón

Obligaciones de los perceptores de becas y ayudas:

5.1. Rendimiento deportivo

a) Mantenerse en activo durante la temporada en curso en la práctica de la alta competición en la especialidad en la que se consiguió el resultado que dio acceso a la beca y/o ayudas, entendiendo como tal la participación en la temporada en el campeonato de Europa o del mundo que le dio derecho a la beca la temporada anterior.

b) El deportista perceptor de una beca o ayuda FETRI está obligado a participar en el campeonato de España en la modalidad por la cual tiene concedida la beca y ayuda. Su ausencia solo podrá justificarse por prescripción del equipo médico de la FETRI.

c) El deportista becado dependerá en su programación deportiva de la dirección técnica de la FETRI, tal y como establece el Art. 33 c de la Ley del Deporte. El director técnico consultará con este y con su entrenador personal para confeccionar conjuntamente el plan de programación anual, la prioridad de competiciones, concentraciones, etc. A este fin, el deportista habrá de notificar a la dirección técnica con la debida antelación las pruebas de carácter nacional y concentraciones en las que vaya a participar. Dicha participación quedará supeditada al visto bueno de la dirección técnica.

d) Los deportistas concentrados en los centros de alto rendimiento entrenarán bajo las órdenes del equipo técnico dispuesto por la Federación.

e) El deportista, de conformidad con lo establecido en el Art. 47 de la Ley del Deporte, tiene la obligación de tomar parte en todas las competiciones internacionales para las que sea seleccionado por el director técnico, así como en los campeonatos nacionales de su especialidad y categoría, en la prueba por la que haya conseguido la beca, salvo autorización expresa y justificada de la dirección técnica. Igualmente está obligado a asistir a cuantos controles técnicos y médicos sean convocados por la FETRI.

f) En caso de que por lesión, enfermedad o cualquier otra causa, se diese el incumplimiento de asistencia a las competiciones y controles, el deportista informará al director técnico, quien adoptará las medidas oportunas.

g) El deportista se compromete a cumplir la normativa internacional de viajes FETRI y someterse a la disciplina del jefe de equipo en una expedición del equipo nacional.

5.2. Servicios médicos

a) El deportista becado tiene la obligación de someterse a los controles médicos, de control de dopaje, reconocimientos médicos y análisis clínicos que se le requieran a través de la FETRI.

b) El atleta becado autoriza a los servicios médicos de la FETRI a emplear datos no identificables en su historia clínica a efectos estadísticos, científicos y de mejora de calidad asistencial. Esta autorización queda sometida a la normativa vigente sobre protección de datos relativos a la salud.

c) El deportista becado ha de informar al jefe de los servicios médicos con la máxima rapidez de cualquier situación que impida el normal desarrollo del entrenamiento: lesión, enfermedad, etc.

d) Igualmente, ha de informar al jefe de los servicios médicos si está utilizando un servicio médico ajeno a la Federación. En el caso concreto de las analíticas, o cualquier otra prueba que se le realice al deportista, será deber del mismo ponerse en contacto con el jefe de los servicios médicos a fin de conocer los resultados de dichas pruebas. El deportista ha de cumplir todo lo dispuesto en la normativa específica de prestaciones médicas.

5.3. Uniformidad y material

a) El deportista becado debe utilizar el material (uniforme, ropa de paseo y de entrenamiento, bolsa, etc.) facilitado por la FETRI, tanto de calle como de entrenamiento y competición, en cuantas competiciones y concentraciones sea seleccionado por la Federación, tanto en entrenamientos, desplazamientos, entrevistas con los medios de comunicación, competición, y demás situaciones no contempladas expresamente para los que sea requerido. Asimismo, deberá respetar la incompatibilidad de patrocinadores federativos con los propios.

b) El deportista becado podrá utilizar en sus entrenamientos el material deportivo o de entrenamiento que le corresponda conforme a los criterios de utilización que establezca la dirección técnica así como de aquel material que se le asigne en función de los acuerdos que firme la FETRI con proveedores o patrocinadores.

5.4. Comportamiento

a) El deportista ha de mantener un comportamiento correcto con los entrenadores, técnicos, deportistas y resto de personal federativo en todo momento.

b) El deportista ha de mantener un comportamiento correcto con el personal de las instalaciones donde esté entrenando, tanto en las instalaciones permanentes como en las ocasionales.

c) El deportista ha de mantener un comportamiento correcto y buena disponibilidad con los medios de comunicación, personal de la organización, etc., cuando estén representando a la Federación en cualquier evento (competición, concentración, actos oficiales, etc.).

Adaptado de www.ac.triatlon.org

PREGUNTAS

1. El deportista beneficiario de una beca o ayuda:

a) Solo puede participar en los campeonatos que proponga la FETRI.
b) Podrá participar en competiciones nacionales con la conformidad de la dirección técnica de la FETRI.
c) Participará únicamente en certámenes de carácter supranacional por ser deportista de élite.

2. El calendario de competiciones y concentraciones:

a) Es responsabilidad del entrenador personal del deportista.
b) Lo elabora el director técnico de la FETRI tras hablar con el deportista y su entrenador.
c) Es decisión del propio deportista según los objetivos que tenga esa temporada.

3. El deportista:

a) Debe realizar todos los controles médicos que se le indiquen en la FETRI.
b) Ha de usar exclusivamente los servicios médicos de la Federación.
c) Pierde la beca o ayuda en caso de lesión o enfermedad.

4. En sus apariciones públicas, el material y la ropa del deportista:

a) Serán seleccionados por la Federación.
b) Puede elegirlos el deportista siempre que lleven el distintivo de los patrocinadores de la FETRI.
c) Es responsabilidad de los patrocinadores del propio deportista.

5. El deportista debe observar un comportamiento impecable:

a) En el interior de instalaciones deportivas, con el personal federativo y con los otros deportistas.
b) Cuando porte los distintivos de la FETRI en cualquier evento deportivo o acto oficial.
c) Con el personal federativo y el de las instalaciones donde se prepara y con los organizadores y empleados de todos los actos a los que asista.

6. Los beneficiarios de estas becas o ayudas:

a) Se comprometen a participar en cualquier modalidad deportiva que se les indique en la Federación.
b) Participarán en las competiciones según la especialidad en la que las han conseguido.
c) Pueden negarse a informar de su salud a la FETRI, según la normativa sobre protección de datos.

TAREA 2

A continuación va a leer un texto del que se han extraído seis fragmentos. Después, lea los siete fragmentos, a)-g), y decida en qué lugar del texto, 7-12, va cada uno. Hay un fragmento que no tiene que elegir.

TERRITORIO COMANCHE

Kukunjevac fue en el 91. Eran los tiempos en que uno llegaba junto a los soldados, decía: «*Hola, muy buenas*», y se ponía a trabajar sin más trámites. Un batallón de seiscientos hombres avanzaba en dos filas a ambos lados de la carretera, recorriendo los cuatro kilómetros que los separaban del pueblo. **7.** ________________. Al principio siempre fingía rodar, para que se acostumbrasen y cobraran confianza, naturalidad. A eso lo llamaba *trabajar con película inglesa*. Pero aquel día no hizo falta. Al caer las primeras bombas, algunos sacaron rotuladores y bolígrafos para apuntarse, mientras caminaban, el grupo sanguíneo en el dorso de manos o antebrazos.

Kukunjevac fue la guerra de verdad. El día era gris, con algo de niebla sobre los campos verdes y las granjas que ardían en la distancia. **8.** ________________. Barlés recordaba a Márquez caminando en la fila que iba por la derecha, un paso tras otro, la cámara a la espalda y la cabeza baja, mirando las botas del soldado que lo precedía; **9.** ________________. A veces Márquez parecía un samurái hosco y solitario, que se bastara a sí mismo sin necesitar un solo amigo en el mundo.

Kukunjevac fue tan duro como esperaban. En cabeza iba una sección de cebras, tropas de élite con el pelo rapado a franjas que solían cubrirse la cara con verdugos durante el combate. La técnica era simple: llegaban a una casa, sacaban a la gente escondida en el sótano a punta de fusil, la hacían caminar delante como escudo humano, y las casas empezaban a arder a los lados de la carretera. **10.** ________________.

Barlés siempre recordaría Kukunjevac a través de las imágenes de Márquez; las que más tarde, en la sala de montaje de Zagreb, los equipos de otras televisiones acudieron a ver en impresionado silencio. El grupo de civiles que camina en vanguardia con los brazos en alto, estrechándose unos contra otros como un rebaño asustado. **11.** ________________. Otra vez el rebaño asustado y gris, lejano, en cabeza. El hongo de humo negro de una explosión cercana. El soldado joven que grita en un portal, alcanzado en el vientre, y aquel otro en estado de *shock* mirando a la cámara con ojos vidriosos mientras le taponan, o intentan hacerlo, la intensa hemorragia de la femoral desgarrada. **12.**________________.

Barlés lo recordaba caminando entre los soldados con la Betacam en la cadera, inexpresivo, las aletas de la nariz dilatadas y los ojos entornados, saboreando la guerra. Y tenía la certeza absoluta de que ese día, en Kukunjevac, Márquez había sido feliz.

Extraído de Territorio Comanche. *Arturo Pérez-Reverte.*

FRAGMENTOS

a)

A medida que se acercaban al pueblo cesaban las conversaciones y los comentarios, hasta que todos guardaron silencio y solo se oyó el ruido de los pasos sobre la gravilla de la carretera.

b)

Soldados disparando ráfagas con el fondo de casas en llamas. La carretera inclinada, pues a veces Márquez no podía estabilizar bien la cámara, con soldados protegiéndose tras un blindado que mueve el cañón a derecha e izquierda mientras avanza.

c)

Uno de los cebras vino a Márquez para soltarle un amenazador *no pictures* cuando lo vio filmar a los civiles, así que el resto de las imágenes hubo que tomarlas a escondidas, con la cámara en la cadera y como si no estuviesen grabando nada.

d)

Eso era viejo de tres años atrás, cuando Vukovar y Osijek y todo aquello; cuando los croatas aún eran los buenos, los agredidos, y los serbios el único malo de la película.

e)

Era la fuerza de ataque, la vanguardia, y todos sabían que los esperaba algo muy duro; a pesar de que eran jóvenes, ninguno mostró ganas de reír ni hacer bromas cuando Márquez se echó la Betacam al hombro y empezó a trabajar.

f)

Y el campesino con ropas civiles, muy joven, a quien un cebra enmascarado interroga dándole bofetadas que lo hacen volver la cara a uno y otro lado mientras se orina encima de puro terror, con una mancha húmeda y oscura extendiéndosele, hacia abajo, por la pernera del pantalón torcida de la cámara de Márquez.

g)

absorto en sus pensamientos o concentrado como un guerrero antes del combate. Y en realidad se trataba exactamente de eso.

TAREA 3

A continuación va a leer un texto sobre el futuro de la prensa en soporte papel. Después, elija la opción correcta, a), b) o c), para las preguntas 13-18.

Entre el papel y la pantalla: el futuro de la prensa escrita

Hablar hoy día sobre la relación entre medios electrónicos y medios impresos es algo así como analizar un partido de fútbol a medio tiempo. Nos encontramos en una etapa de transición, una transición tecnológica, pero sobre todo una transición generacional. La discusión entre medios electrónicos y medios impresos es propia de una generación acostumbrada a leer en papel y forzada a aprender a leer en pantalla. Ese proceso de adaptación, esas ganas de imprimir un *e-mail* o un artículo de Internet para poder leerlo en forma impresa, es algo que las nuevas generaciones no van a experimentar. Después de ese cambio generacional, pantalla y papel van a poder competir de forma justa.

Durante mucho tiempo se ha cometido el error de tomar el medio electrónico como una adaptación del medio impreso. Si bien no es tan difícil imaginarse un escenario invertido -donde los medios impresos pasan a ser adaptaciones de los medios electrónicos- ninguna de estas dos opciones representa lo óptimo. Hay un mundo de diferencias entre pantalla y papel, y una vez terminada esta etapa de transición, vamos a poder ver que hay lugar para ambas, pero con una relación más compleja que la que se ve ahora.

Lo más ilustrativo para mostrar estas diferencias es el mundo de los periódicos. Durante mucho tiempo, en el ámbito de las noticias ha existido algo así como «el momento de la verdad». Ese momento es alrededor de las 04:00 de la madrugada, cuando las prensas se ponen en marcha como una enorme locomotora a vapor, imposible de parar. Lo que dice el diario en ese momento es la verdad (debe ser verdad, si sale en el diario) y la próxima oportunidad para corregir o actualizar esa «verdad» se presenta 24 horas más tarde.

Obviamente, un medio electrónico no cuenta con ese «momento de la verdad», ya que se actualiza constantemente. Pero las diferencias van mucho más allá. La esencia misma del contenido va cambiando: más que buscar una verdad común -una foto del mundo a las 04:00 de la mañana- el contenido se vuelve líquido. El contenido toma vida.

Por ejemplo, un error en una publicación impresa es un pecado. Pero un error en un medio electrónico -siempre y cuando sea corregido debidamente- demuestra rapidez y hasta puede generar confianza. La audiencia sabe que el mundo cambia cada minuto, y un medio electrónico que refleja esos cambios en tiempo real genera cercanía. Un medio electrónico busca la verdad instantánea, más que la verdad común. Luego, la audiencia lo convierte en una verdad líquida, opinando, complementando y corrigiendo el contenido en tiempo real.

Los medios electrónicos llevan la ventaja. Son más ágiles, son indexables por buscadores, y es posible agregarles publicidad contextual, una ventaja cada vez más importante. Pero eso no quiere decir que no haya lugar para los medios impresos. En los años 90 se lanzó SFGate.com, el sitio web del periódico norteamericano *San Francisco Chronicle* y el primer portal de un periódico en generar ganancias. El sitio llegó a ser tan popular que las ventas de la versión en papel empezaron a disminuir drásticamente. La solución para este problema fue dejar de tratar al portal como un espejo en tiempo real del diario en papel. Publicando contenido diferente en cada medio, lograron recuperar parte importante de las ventas en papel aumentando al mismo tiempo las visitas al portal. Hoy día, con una audiencia mucho más acostumbrada a la participación, existen muchas otras formas para entregarles una identidad propia a los medios electrónicos.

En definitiva, el desafío está en buscar el lugar propio de cada medio, ya sea impreso o digital. Un medio puede pretender entregar las noticias lo más rápido posible, mientras el foco de otro medio puede ser privilegiar información de fondo. Hacerse estas preguntas permite encontrar un lugar propio en el paisaje de los medios, donde conviven la pantalla y el papel.

Adaptado de www.houstonwehaveabigproblem.wordpress.com

PREGUNTAS

13. Según el autor del artículo:
- **a)** Es pronto para saber cuál va a ser el papel de la prensa en soporte papel.
- **b)** La prensa tradicional desaparecerá cuando lo hagan las generaciones que leen en papel.
- **c)** Las nuevas generaciones se ven forzadas a leer solamente en pantalla.

14. El texto dice que las diferencias entre los medios impresos y los electrónicos:
- **a)** Disminuirán cuando ambos adopten y adapten las diferencias que tienen.
- **b)** Harán que la prensa escrita termine por desaparecer.
- **c)** Pueden enriquecer la información complementándose.

15. La principal desventaja de la prensa en papel, según el texto, es:
- **a)** La falta de inmediatez a la hora de actualizar la información.
- **b)** Su falta de credibilidad al publicar más noticias falsas que la electrónica.
- **c)** La inclusión de publicidad solo relacionada con el contenido de las noticias.

16. Según el artículo, el público al que ambos medios se dirigen:
- **a)** Prefiere el papel por considerar más fiable su información.
- **b)** Reacciona positivamente ante los cambios de las noticias reproducidas en los medios electrónicos.
- **c)** Prefiere el soporte papel para no tener que imprimir la información de Internet.

17. El texto afirma que la experiencia del *San Francisco Chronicle* demuestra que:
- **a)** Aumentan las ventas si se ofrece también una versión electrónica.
- **b)** La versión electrónica no debe limitarse a ofrecer el mismo contenido que la impresa.
- **c)** Si se ofrece información en línea, los lectores dejan irremediablemente de comprar el periódico.

18. Los medios digitales, según el artículo, deben:
- **a)** Primar la información de fondo a fin de ser más competitivos.
- **b)** Ofrecer solo las noticias que se produzcan entre las diferentes tiradas de los periódicos.
- **c)** Corregir rápidamente los posibles errores en su información para generar confianza.

TAREA 4

A continuación va a leer varios textos relacionados con diferentes deportes. Elija el texto, a)-f), que corresponde a cada enunciado, 19-26. Hay textos que deben ser elegidos más de una vez.

a) Hay cazadores aficionados que con la crisis no pueden pagar los precios de los permisos y recurren al furtivismo para llenar la despensa llevándose a casa un jabalí o unas perdices. Desde la Federación Andaluza de Caza y la Asociación de Guardas de Caza confirman que esta práctica se ha incrementado con la crisis económica. El objetivo no es vender las piezas, sino apoyar la economía familiar. «Aunque sea por necesidad, la caza tiene que realizarse con unos límites y respetando las normas; este tipo de personas, sea cual sea la razón por la que se convierten en ilegales, son delincuentes y dañan la imagen de cazador legal», explica José María Mancheño, presidente de la Federación Andaluza de Cazadores, que cuenta con 17 000 asociados en la provincia de Málaga. «Los furtivos son apenas el 1% del total de cazadores», asegura.

b) El origen del patinaje sobre hielo se remonta a la Holanda del siglo XIV. La necesidad de cruzar los helados canales durante el invierno hizo que se empezaran a utilizar pesados patines con cuchillas de madera. En 1572 aparecieron las cuchillas de hierro y setenta años más tarde se fundó el primer club de patinaje en Edimburgo, dejando de ser un modo de transporte para convertirse en un deporte. En los siglos XVIII y XIX fue un pasatiempo muy habitual para monarcas y aristócratas, que lo hicieron popular entre sus súbditos. En 1850 el norteamericano E. Bushnell introdujo las cuchillas de acero y unos diez años más tarde el bailarín americano Jackson Haines empezó a enseñar elementos de coreografía a patinadores. El mismo Haines fue quien inventó la cuchilla simple, lo que proporcionó mucha más estabilidad y libertad de movimientos.

c) Este juego es una de las expresiones más destacadas de la cultura vasca. Más allá de la dimensión deportiva y lúdica es un factor de cohesión social y forma parte del universo simbólico común. En definitiva tiene un importante valor dentro de nuestra sociedad. A todo ello se une la belleza de las distintas modalidades de pelota vasca que existen y la arquitectura de los frontones. Con todos estos elementos está claro que no podía dejar de ser elemento de inspiración de los artistas y de ahí que la Sala Kubo cierre la programación extraordinaria del décimo aniversario de su inauguración con una exposición sobre la pelota vasca mostrada desde un punto de vista cultural y antropológico, más allá del aspecto meramente deportivo. Esta exposición es una muestra escogida de esas manifestaciones artísticas de excelente calidad.

d) Hay que remontarse a la China de la dinastía Han, hace 2 200 años, para encontrar la evidencia más antigua de este deporte de masas, el fútbol. Se trata del ts'uh kúh, que viene a significar dar patadas a un balón de cuero. El juego, que se practicaba con las manos y los pies de una forma más o menos violenta, nació como un método de adiestramiento militar en el que los asistentes hacían grandes apuestas. Al finalizar, el capitán del equipo derrotado era castigado y flagelado en público. De ahí pasó a Japón, donde surgiría ya en la era medieval un juego cortesano que fue bautizado como *kemari*. En este nuevo deporte, la habilidad sustituyó a la fuerza bruta que caracterizaba a los jugadores chinos.

e) El barranquismo o *canyoning* es un deporte de aventura que se practica en los cañones o barrancos de un río. Puede presentar un recorrido muy variado: se encuentran tramos con poco caudal o incluso secos, puntos con pozas profundas y otros tramos con cascadas, así como terrenos con vegetación o desérticos. El barranquismo consiste en ir superando estos cambios de recorrido: caminando, nadando, destrepando o escalando, si es necesario. Para que un descenso sea valorado como apto para el barranquismo debe combinar al menos dos de estas tres características: caudal, verticalidad y carácter encajado. Aunque puede realizarse en solitario, por seguridad se practica habitualmente en grupo, y debe tenerse experiencia mínima y el equipo adecuado para su desarrollo.

f) El arte de luchar con una espada es casi tan antiguo como nuestra historia. Aunque la esgrima no se ha entendido desde sus principios como un deporte, su aprendizaje y práctica dieron lugar a torneos y competiciones de carácter deportivo. Un asalto de esgrima, lejos de lo que a primera vista parece, no es solo un conjunto de movimientos complicados y rápidos. Desde el interior de una careta el asalto toma una perspectiva muy distinta. Se establece un diálogo mediante fintas y acciones preventivas con las que cada esgrimista estudia a su contrario, buscando sus posibles reacciones, sus puntos débiles, o ese momento de descuido, a la vez que intenta confundirle provocándole para que ejecute acciones de las que él estará prevenido.

Adaptado de varias fuentes

ENUNCIADOS

19. El fin de una de estas actividades no es meramente deportivo sino de subsistencia en época de penuria.	a)	b)	c)	d)	e)	f)
20. Tiene su origen en la necesidad de practicar para estar preparados para la lucha.	a)	b)	c)	d)	e)	f)
21. Más que un juego, se considera hoy en día una manifestación cultural de un pueblo determinado.	a)	b)	c)	d)	e)	f)
22. Desde sus comienzos, los espectadores apostaban sobre el resultado del juego.	a)	b)	c)	d)	e)	f)
23. En su origen esta actividad no era deportiva, sino una forma de desplazarse.	a)	b)	c)	d)	e)	f)
24. Se desaconseja practicar este deporte en solitario por los riesgos que conlleva.	a)	b)	c)	d)	e)	f)
25. La capacidad de prever los movimientos del contrario es esencial en la práctica de este deporte.	a)	b)	c)	d)	e)	f)
26. Si no se alzaban con la victoria, los responsables del equipo sufrían castigos corporales.	a)	b)	c)	d)	e)	f)

TAREA 5

A continuación va a leer un texto sobre una periodista argentina. Elija la opción correcta a), b) o c), para completar los huecos, 27-40.

NO ME DIGAN POBRECITA

Verónica González Bonet promueve la ___**27**___ laboral de los discapacitados desde su columna semanal en la televisión pública de Buenos Aires. Es una de las dos únicas periodistas ciegas en el mundo que trabaja en televisión.

Verónica se mueve en silencio en medio de las corridas y los gritos y en silencio abre su computadora portátil y se dispone a trabajar. Hará algunas llamadas, pedirá ___**28**___, escribirá y mandará *mails*, buscará datos para el ___**29**___ que más tarde presentará ante las cámaras del noticiero del canal 7 de Buenos Aires. Lo único que Verónica no podrá hacer es seleccionar las imágenes para su envío. Cómo contar lo que no se ve. Cómo contar lo que ella no ve. Cómo explicar un azul.

Por allí va. Contando los ___**30**____ hacia la parada del bus que la dejará a una cuadra del canal. La cara apenas maquillada y sin anteojos. El pelo recogido, la blusa azul que ___**31**___ la minifalda, los gestos suaves y la frescura de sus años. Es un mediodía de sol primaveral en Buenos Aires y ella lo siente en todo el cuerpo.

Las cifras oficiales ____**32**_____ que el 6% de la población del país tiene graves problemas de visual y la última encuesta nacional sobre discapacidad demuestra una realidad aún más difícil: el 85% de los ciegos que quiere trabajar y está capacitado no consigue empleo.

Según la Organización Internacional del Trabajo, el ___**33**___ de desempleo de un país es tres veces mayor cuando se trata de personas con discapacidad. La ___**34**___ es una barrera difícil. Los ___**35**___ hacen el resto. Ella lo sabe. Obtuvo una Licenciatura en Sistemas y recuerda las dificultades de un medio que la trató con ___**36**___, aun después de recibida.

¿Y por qué periodista? Verónica dice que descubrió su ___**37**___ cuando la invitaron a un programa de radio que difundía mensajes a favor de la inserción. «En ese momento me di cuenta que yo quería hacer eso, hablarle a la gente, darle espacio a los que hacen cosas por los demás. Así me puse a estudiar Periodismo y cuando me ___**38**___ dejé el empleo que tenía y salí a buscar trabajo en los medios».

Pero ella no siente que haya sido una decisión extrema, ___39___ lo que supone abandonar una profesión y un empleo seguros por un oficio en el que todo es ___40___.

«Yo no me quedo por temor o por que sea ciega. Siempre salí a estudiar, a trabajar, a divertirme. Viví sola, tuve novios, me casé, hago tarea social. Y como yo hay muchos. Por eso me gusta hacer estos informes, para contar historias de gente que supera sus limitaciones», dice.

Cuando se despide me pregunta si quiero saber algo más, pero no espera la respuesta. «Sabés, yo la peleo para que nos traten como iguales», dice. «No quiero que me digan pobrecita. Yo no soy pobrecita. Yo trabajo para tener una vida normal. Para vivirla como la quiero vivir, ¿entendés?». No le digo nada. Solo le tomo las manos y, no sé por qué, cierro los ojos.

Adaptado de http://cronicasescuelamovil.blogspot.com

Opciones

27.	**a)** exclusión	**b)** inclusión	**c)** intrusión
28.	**a)** entrevistas	**b)** anales	**c)** retratos
29.	**a)** ensayo	**b)** informe	**c)** presupuesto
30.	**a)** saltos	**b)** pasos	**c)** pisotones
31.	**a)** juega con	**b)** combina con	**c)** confecciona de
32.	**a)** desdicen	**b)** auguran	**c)** aseguran
33.	**a)** número	**b)** inventario	**c)** índice
34.	**a)** discriminación	**b)** reprobación	**c)** representación
35.	**a)** juicios	**b)** prejuicios	**c)** desquicios
36.	**a)** hospitalidad	**b)** hostigación	**c)** hostilidad
37.	**a)** devoción	**b)** vocación	**c)** afición
38.	**a)** licenciara	**b)** licencié	**c)** hubiera licenciado
39.	**a)** aunque	**b)** a pesar de	**c)** aún
40.	**a)** indecisión	**b)** incapacidad	**c)** incertidumbre

Anote el tiempo que ha tardado:

Recuerde que solo dispone de **90 minutos**

PRUEBA 2 Comprensión auditiva y uso de la lengua

50 min Tiempo disponible para las 4 tareas.

TAREA 1

CD II Pista 11

A continuación escuchará un discurso sobre la violencia en el deporte en el que se tomaron las siguientes anotaciones. Lo oirá dos veces. Después, elija para cada anotación, 1-6, la palabra o fragmento correspondiente entre las doce opciones, a)-l), que se le ofrecen.

ANOTACIONES

1. El deporte beneficia el cuerpo y la mente. Además es una herramienta para combatir ______________ .
2. Para unos la sociedad influye en los actos humanos. Otros piensan que están influenciados por ______________.
3. Según Montagu hay que ______________ de la creencia de que el ser humano es malo por naturaleza.
4. Con la evolución de la civilización, ______________ hacia la violencia ha descendido.
5. Los deportes se fundamentan en el deseo de alcanzar____________ : la victoria.
6. A veces la falta de entradas o ____________ al perder una competición provocan comportamientos violentos.

a) los jugadores
b) el umbral de tolerancia
c) la frustración
d) comportamiento violento
e) un recurso escaso
f) sociólogos
g) desatar la violencia
h) desengañar a la humanidad
i) los factores biológicos
j) el líder del grupo
k) el equipo contrario
l) las adicciones

TAREA 2

CD II Pista 12

A continuación escuchará cuatro conversaciones. Oirá cada una dos veces. Después, seleccione la opción correcta, a), b) o c), para cada pregunta, 7-14.

PREGUNTAS

CONVERSACIÓN 1

7. El hombre cree que:
   - **a)** La pareja no se ha casado.
   - **b)** El reportaje ha sido acordado.
   - **c)** Su mujer es una frívola.
8. La mujer:
   - **a)** Admira a la pareja de las fotos.
   - **b)** Compra asiduamente revistas del corazón.
   - **c)** Muestra su enfado con el hombre.

CONVERSACIÓN 2

9. El hombre comenta:

a) La buena temporada que está realizando el equipo.
b) La campaña electoral para elegir técnico.
c) La ausencia de un jugador por baja temporal.

10. La mujer hace un comentario sobre:

a) El mal tiempo.
b) El aumento del precio de las entradas.
c) Los partidos entre el Boca y el River.

CONVERSACIÓN 3

11. La previsión del tiempo en la costa es:

a) Lluvioso y ventoso.
b) Ventoso y cubierto.
c) Soleado y ventoso.

12. Al final, la pareja decide:

a) Visitar una localidad con un monumento arquitectónico.
b) Volver a visitar un monasterio del que les ha hablado una amiga.
c) Comer cordero en un restaurante recomendado por su amiga.

CONVERSACIÓN 4

13. El hombre está leyendo una noticia sobre:

a) Un homicidio.
b) Un incendio descontrolado.
c) Un accidente aéreo.

14. La conversación termina con:

a) Un comentario triste.
b) Una broma.
c) Una mala noticia.

CD II
Pista 13

TAREA 3

A continuación escuchará una entrevista con Edurne Pasaban. La oirá dos veces. Después, seleccione la opción correcta, a), b) o c), para cada pregunta, 15-20.

PREGUNTAS

15. Edurne Pasaban es la primera mujer:

a) Española en el Himalaya.
b) Víctima de una maldición.
c) Que ha escalado el K2 y sigue viva.

16. El peor recuerdo de Edurne fue:

a) Su frustración profesional.
b) El descenso del K2.
c) La muerte de su mejor amigo.

17. ¿Qué es lo que más valora Edurne del CAR?

a) La preparación física.
b) La atención médica y de los fisioterapeutas.
c) La larga duración de los entrenamientos.

18. Al recibir el premio a la mejor deportista del año, Edurne se sintió satisfecha por:
- **a)** El reconocimiento del COE a la figura del alpinista.
- **b)** Ser la primera mujer en conseguirlo.
- **c)** Haber superado sus problemas de salud.

19. Durante el descenso del K2, Edurne:
- **a)** Fue muy disciplinada.
- **b)** Mantuvo la moral alta.
- **c)** Descuidó su alimentación.

20. Las dos últimas expediciones de Edurne:
- **a)** Han sido las más duras de su carrera.
- **b)** Se complicaron por el tiempo y la falta de porteadores.
- **c)** Se han conseguido con un mes de diferencia.

CD II
Pista 14

TAREA 4

Usted va a escuchar diez breves diálogos. Escuchará cada uno dos veces. Después, seleccione la opción correcta, a), b) o c), para cada pregunta, 21-30.

DIÁLOGO 1

21. Según el tiempo, mañana:
- **a)** Cambia la temperatura en el norte y el este.
- **b)** Habrá menos precipitaciones en el este.
- **c)** Lloverá con intensidad en toda la comunidad.

DIÁLOGO 2

22. Paco:
- **a)** Ha visto una película anunciada en el metro.
- **b)** Quiere ir al musical de la Gran Vía.
- **c)** Decide consultar las películas.

DIÁLOGO 3

23. En la capital se han producido:
- **a)** Disparos.
- **b)** Accidentes.
- **c)** Asaltos.

DIÁLOGO 4

24. Pablo dice que el Barcelona va a:
- **a)** Tener muchas ganancias.
- **b)** Contratar a un jugador.
- **c)** Perder la liga.

DIÁLOGO 5

25. Sobre los equipos, Amadeo dice que:
- **a)** El suyo ganó por dos puntos.
- **b)** Los dos obtuvieron el mismo resultado.
- **c)** Perdió el de las chicas.

DIÁLOGO 6

26. Carmen:
- **a)** Está de acuerdo con su interlocutor.
- **b)** No comprende de qué juez le habla.
- **c)** Cree que no es la persona a la que se refiere su interlocutor.

DIÁLOGO 7

27. El equipo de Julio:
- **a)** Perdió.
- **b)** Empató.
- **c)** Ganó.

DIÁLOGO 8

28. María:
- **a)** No está de acuerdo con su interlocutor.
- **b)** Cree que Felipe es un buen jugador.
- **c)** Siente pena por Felipe.

DIÁLOGO 9

29. La actitud de Marta ante la noticia es de:
- **a)** Ironía.
- **b)** Compasión.
- **c)** Crítica.

DIÁLOGO 10

30. Según Bruno, Flores:
- **a)** Ha perdido.
- **b)** Ha ganado.
- **c)** Ha empatado.

Anote el tiempo que ha tardado:

Recuerde que solo dispone de **50 minutos**

PRUEBA 3 C. auditiva y expresión e interacción escritas

80 min Tiempo disponible para las 2 tareas.

CD II Pista 15

TAREA 1

A continuación escuchará la primera parte de una conferencia sobre la participación ciudadana en el periodismo digital. La escuchará dos veces. Después, redacte una argumentación (220-250 palabras) recogiendo los puntos principales y exprese de forma justificada su punto de vista. Durante la audición puede tomar notas.

TAREA 2

Elija una de las siguientes opciones y redacte un texto formal (220-250 palabras) según las indicaciones que se le dan en cada opción.

Opción 1

Usted es redactor en la sección local de un periódico. El año está acabando y le han pedido que escriba un artículo con los acontecimientos más importantes de su ciudad en este periodo. Piense en las noticias más significativas para las siguientes secciones:

- Economía
- Política
- Cultura
- Sucesos
- Deportes
- Sociedad

Redacte el artículo teniendo en cuenta que debe:

- Narrar los hechos de forma resumida, sin entrar en detalles.
- No dar un tono demasiado trágico a las noticias tristes, no se trata de un periódico sensacionalista.
- Acabar con un comentario de opinión a modo de balance sobre el año en general.

Opción 2

Usted ha leído un artículo en un periódico donde se critica la actuación de un profesor colega suyo en el colegio donde trabaja. Los padres de un alumno le han denunciado por haber golpeado a un estudiante. Usted conoce bien a su colega y sabe que está pasando por una situación de estrés muy fuerte, ya que ha sido víctima de insultos y amenazas físicas por parte de algunos alumnos.

Escriba una carta al periódico en la que:

- Explique los hechos tal y como los conoce.
- Dé detalles sobre el comportamiento del alumno, al que usted conoce por haberle tenido en su clase.
- Defienda la profesionalidad de su colega.
- Hable, en general, sobre los malos tratos y vejaciones a que se ven sometidos los formadores.
- Critique el artículo publicado, que ha dado la noticia en modo parcial, sin conocer todos los detalles.

Anote el tiempo que ha tardado:

Recuerde que solo dispone de **80 minutos**

PRUEBA 4 C. de lectura y expresión e interacción orales

20 min Tiempo disponible para las 3 tareas.

20 min Tiempo de preparación.

TAREA 1

Usted debe hacer una presentación oral (3-5 minutos) sobre el siguiente texto. Su exposición debe incluir los siguientes puntos:

- *Tema central.*
- *Ideas principales y secundarias.*
- *Comentario sobre ideas principales.*
- *Intención del autor si procede.*

Puede tomar notas y consultarlas, pero no puede hacer una lectura de las mismas.

CANON DIGITAL

Cuando goberné la comunidad autónoma extremeña, los ciudadanos nos exigían que Extremadura dispusiera de vías de comunicación propias de finales del siglo XX. Y llevaban razón. Y lo hicimos. Frente a la satisfacción de la mayoría, siempre aparecían voces que se oponían al paso de la nueva carretera o de la moderna autovía por el sitio que habían dibujado los técnicos. Si se les hubiera hecho caso, la mayoría se hubiera perjudicado y los gobernantes hubiéramos cometido un grave acto de irresponsabilidad deteniendo el progreso.

Esa actitud es la misma que mantiene la Sociedad General de Autores y Editores (SGAE) con respecto a las Tecnologías de la Información y el Conocimiento, con el canon digital y los derechos de autor. Intentan parar el progreso y el avance tecnológico con el argumento de que se acabará la creación artística musical y literaria si no se persigue a los jóvenes que, por primera vez en la historia de la humanidad, pueden acceder a la cultura universal con un solo clic. Pura resistencia a los cambios y a los avances.

Nadie sabía qué era Spotify hace cinco años; tampoco sabíamos lo que era iTunes, por la sencilla razón de que hace un lustro eso no existía. Lo que sí sabemos es que tanto Spotify, que permite el acceso a grandes catálogos con anuncios o pagando por cuenta premium, como iTunes, que es una gran biblioteca digital, no existirían hoy, para desgracia de la humanidad, si hubieran tenido que pedir permiso para aparecer en la red. Ambas cosas, igual que Google o Wikipedia, aparecen porque la red es libre y porque no tuvieron la persecución que aquí se practica contra lo que algunos se empeñan en llamar piratas. La imposición del canon digital contra viento y marea, así como el intento de perseguir a las páginas que permiten descargas desde Internet, no van a arreglar el problema que tienen planteado aquellos que se resisten a buscar fórmulas nuevas que permitan seguir manteniendo una Internet libre y adaptar su forma de ganarse la vida a la nueva situación.

Los creadores se enfrentan al mismo problema al que se enfrentaron otros gremios cuando las circunstancias y las tecnologías cambiaron. ¿Cómo se protege el derecho del dueño de un bar en un pueblo cuando la carretera deja de pasar por el interior de esa localidad? ¿Y el derecho del fabricante de máquinas de escribir cuando aparece el ordenador? ¿Y el del vendedor callejero de leche de vaca recién ordeñada? ¿Y el del conductor de diligencias cuando apareció el tren? La respuesta puede ser cualquiera menos la de alterar las bases por las que se creó Internet. La red está basada en la libre circulación de la información que genera una sociedad que funciona a través del intercambio libre de esa información. Si esa información atenta contra la legalidad, ya se encargarán los tribunales de justicia de dictaminar la sentencia pertinente. Hasta el momento no ha habido un solo juez que haya dictaminado como ilegal una descarga. La única solución que resta es buscar nuevas fórmulas de adaptación a la nueva sociedad sin tratar de impedir el desarrollo tecnológico y el progreso, cosa que nunca nadie pudo hacer a lo largo de la historia.

Si todos los recursos económicos que se han gastado por las sociedades de gestión en sistemas de control los hubieran destinado a encontrar nuevas fórmulas, seguramente ahora no estaríamos haciendo ese tipo de preguntas. Las sociedades gestoras de los derechos de autor no pueden contratar a un millón de inspectores para que trabajen velando por la seguridad y el control, pero sí existe un millón de jóvenes que tumban la página web de la SGAE, cada vez que se lo propongan, de una forma legal. Intentar criminalizarles es pretender ignorar el funcionamiento básico de Internet. Los que hicieron Wikipedia por amor al arte son capaces de hacer cualquier cosa: por amor al arte.

Hasta ahora, todos los sistemas de control han fracasado, por lo que sería más sensato revisar el concepto de propiedad intelectual y derechos de autor en la nueva sociedad digital y dejarse de perseguir a jóvenes a los que se les insulta llamándoles piratas, pero a los que, al mismo tiempo, se les estimula con este apelativo para que se adentren en lo que algunos se empeñan que sea la fruta prohibida.

Adaptado de www.elpais.com

NOTAS

TAREA 2

Usted debe mantener una conversación con el entrevistador (4-6 minutos) sobre el tema del texto de la Tarea 1. En la conversación, usted debe:
- Dar su opinión personal sobre el tema.
- Justificar su opinión con argumentos.
- Rebatir, si procede, las opiniones que exprese su interlocutor.

MODELO DE CONVERSACIÓN

1. Opinión del candidato y justificación.

¿Cuál es su opinión respecto a este tema? ¿Podría comentarla?

2. Turnos de intervención candidato-examinador.

Ejemplos de intervención del examinador:
- ¿Cree que los jóvenes que realizan descargas gratis son piratas?
- ¿Debe haber sanciones económicas contra ellos?
- ¿Realiza descargas gratis?
- ¿Cree que debe haber algún tipo de control?
- ¿Qué es para Ud. el derecho a la propiedad intelectual? ¿Es tan grave publicar algo citando la fuente como plagiar y apropiarse indebidamente de la autoría?

TAREA 3

Usted es redactor de una revista en la que han escrito un reportaje sobre la realidad actual del continente africano y el autor le ha pedido consejo para elegir la foto que lo encabezará. Hable con él (el entrevistador) para elegir la foto más adecuada. Tenga en cuenta que:

- Debe ser alegre.
- Tiene que ser representativa de todo el continente.
- No debe dar una imagen tercermundista.
- Ha de ser estética.

Aquí tiene las cuatro fotos. ¿Cuál debería ser la elegida? Discuta su elección con el entrevistador (4-6 minutos) hasta llegar a un acuerdo. Recuerde que puede interrumpir a su interlocutor, discrepar, pedir y dar aclaraciones, argumentar, etc.

Temas de artículos

- *Política: elecciones municipales, obras públicas, planes del ayuntamiento, etc.*
- *Economía: crisis, medidas para paliarla, medidas para potenciar el empleo juvenil, medidas de protección, impuestos, etc.*
- *Cultura: premios, estrenos de películas, de teatro, conciertos, exposiciones, etc.*
- *Sucesos: accidente de transporte público, homicidios, violencia callejera, etc.*
- *Deporte: victorias/derrotas de los equipos de fútbol, baloncesto, tenis, etc.*
- *Sociedad: bodas de famosos, vacaciones de famosos, etc.*

Expresar acuerdo

- *Yo también diría que…*
- *Yo diría lo mismo.*
- *Comparto la misma idea.*
- *Estoy con usted en lo de que/lo de/eso.*
- *¡Así es!*
- *Efectivamente.*
- *Exacto.*
- *De eso no hay duda.*
- *Eso es una gran verdad.*
- *Estoy de acuerdo en todo, salvo en...*

Expresar desacuerdo

- *Yo tampoco diría que…*
- *No lo veo así.*
- *No coincido en lo de que/lo de/eso...*
- *No me convence lo de/lo de que...*
- *No se puede decir que…*
- *¡Para nada!*
- *¡De eso nada!*
- *¿Cómo puede decir algo así?*
- *No digas tonterías.*
- *Eso no tiene ningún sentido.*
- *Eso no tiene ni pies ni cabeza.*

Pedir confirmación

- *…, ¿me equivoco?/¿tengo o no razón?*
- *…, ¿estoy en lo cierto?*
- *No he entendido bien si…*
- *¿Se refiere a que…?*

Solicitar una explicación

- *¿Cómo es que...?*
- *¿Cómo se explica (el hecho de) que...?*
- *¿A qué se debe...?*

Discrepar

- *Bueno, yo no diría que…*
- *Una cosa es… y otra (muy) diferente es que…*
- *Que no, (hombre), que no.*
- *Pero ¡qué dice!*
- *¡Qué va! Si…*
- *¿Cómo que no…?*

Interrumpir

- *Perdone/Disculpe la interrupción, pero…*
- *Lamento interrumpir, pero…*
- *¿Me permite decir algo al respecto?*
- *¿Puedo hacer un inciso/una aclaración?*
- *Perdone que le corte, pero…*

PRUEBA 1

Comprensión de lectura y uso de la lengua

Esta prueba consta de **cinco tareas** y un total de **40 ítems** de diferente tipología. Tienes **90 minutos** para hacer toda la prueba.

Tarea 1. Se trata de **comprender** la **idea general** y determinados **datos específicos** de **textos** del **ámbito público** y **profesional**. Los textos tienen entre 650 y 750 palabras y pueden ser contratos (de alquiler, de trabajo, de uso de un producto, etc.), prospectos, cláusulas o informes profesionales. La tarea consta de **seis ítems** de **selección múltiple** con tres opciones de respuesta. (Aquí te damos solo unos ejemplos).

TAREA 1

Lea el texto y conteste a las preguntas (1-6). Seleccione la opción correcta (A, B o C).

Cómo reducir los gastos de una comunidad de vecinos

1. Cobro a los morosos ausentes

Uno de los problemas al que se enfrentan las comunidades de vecinos es el de aquellos propietarios morosos que han abandonado el edificio sin comunicar su nuevo domicilio -en muchos casos de manera deliberada para dificultar el cobro de recibos, derramas, etc.- o que han fallecido sin pagar lo que debían. En ocasiones estos adeudos son bastante importantes, sobre todo cuando proceden de reformas u obras de coste elevado, como la instalación del ascensor, la mejora de la cubierta, la rehabilitación de la fachada, etc., también son cuantiosos aquellos debidos a un impago prolongado. Cobrar esa deuda, que supondría un alivio para los bolsillos de los vecinos y ayudaría a mejorar las cuentas de la comunidad, no siempre es sencillo, y menos aún, cuando el deudor no ha dejado constancia de su nueva residencia.

A la hora de reclamar lo que debe un moroso de este tipo y tras haberlo intentado por otros medios, hay que convocar una junta de propietarios y enviar al deudor la debida citación al piso en el que residía, es decir, el de la comunidad que le reclama el dinero. Si no acude a dicha citación -que es lo más probable-, se celebra la reunión con los presentes y se adopta el acuerdo para comenzar la demanda. Si prospera, las autoridades se encargarán de buscar al deudor para que afronte los pagos. En caso de negativa, se puede iniciar un proceso judicial para el embargo de sus bienes, con el fin de hacer frente a la deuda. Aunque el proceso es complicado, es probable que al final el dinero vuelva a la comunidad.

Algo similar ocurre con aquellos propietarios que fallecen dejando cargos pendientes a los vecinos y sin que nadie se haga cargo del piso. En ese caso, conviene ir al registro de la propiedad para saber a quién pertenece la vivienda. En caso de continuar a nombre de la persona fallecida, serán sus beneficiarios los que deberán hacerse cargo de la deuda.

2. Arrendamiento o venta de zonas comunes

Otra de las opciones para obtener ingresos es alquilar o vender alguna zona común, como es el caso de los garajes o los trasteros. Algunas comunidades, sobre todo las nuevas, tienen estos espacios sin ocupar y aunque suelen ser los promotores quienes se encargan de gestionarlos, en otros casos, sobre todo si se trata de cooperativas, corren a cargo de todos los vecinos. Los ingresos que proporciona la venta o el arrendamiento son importantes y ayudan a afrontar otros gastos del inmueble.

Adaptado de www.consumer.es

PREGUNTAS

1. Cuando un propietario ya no habita en el inmueble:

a) No debe seguir pagando por las mejoras que se produzcan en el mismo.
b) Los vecinos se encargarán de buscarlo para que abone sus deudas.
c) Debería comunicar a los vecinos su nueva dirección.

2. En caso de fallecimiento de un propietario:

a) Sus herederos se responsabilizarán de sus deudas.
b) La vivienda pasará a ser propiedad de la comunidad de vecinos.
c) Se interpondrá una demanda inmediatamente ante las autoridades pertinentes.

3. Los garajes que no se utilizan pueden:

a) Alquilarse o venderse con el consecuente gasto para la comunidad.
b) Venderse a los promotores del inmueble si los vecinos lo acuerdan.
c) Contribuir económicamente a las cargas del edificio.

PISTAS

En la pregunta 1, la opción **a)** es incorrecta ya que los gastos que se produzcan deben pagarlos los propietarios, vivan o no en el edificio. La opción **b)** es igualmente falsa ya que, según el texto, «las autoridades se encargarán de buscar al deudor para que afronte los pagos». La opción **c)** es la correcta. El texto dice que «[...] han abandonado el edificio sin comunicar su nuevo domicilio [...] de manera deliberada para dificultar el cobro de recibos, derramas, etc.?». Evidentemente un propietario que cambia de domicilio ahorraría muchos problemas a los vecinos si les comunica su nueva dirección.

En la pregunta 2, la opción **a)** es correcta, porque según el texto, «si (el inmueble) continúa a nombre de la persona fallecida, serán los herederos los que deberán hacerse cargo de la deuda». La opción **b)** es falsa ya que en ningún caso se menciona que la vivienda pase a ser propiedad de los otros vecinos por muchas deudas que pudiera tener el propietario fallecido. La opción **c)** es incorrecta pues en el texto se explica que solo se interpondrá una demanda para reclamar el pago de las deudas tras haberlo intentado por otros medios. Es decir, no inmediatamente.

En la pregunta 3, la opción **a)** es falsa pues es cierto que los propietarios o promotores pueden vender los garajes, pero no se dice que ello suponga un gasto para la comunidad de vecinos. La opción **b)** también es incorrecta, porque los promotores son quienes normalmente se encargan de gestionar estos espacios sin ocupar como los garajes, no de comprarlos. La opción **c)** es correcta ya que en el texto se afirma eso mismo con otras palabras diciendo que «los ingresos que proporciona la venta o el arrendamiento son importantes y ayudan a afrontar otros gastos del inmueble».

Tarea 2. En esta tarea hay que reconocer la estructura de un **texto extenso** y **captar la relación entre las ideas**. Los textos tienen entre 550 y 650 palabras, y describen o narran experiencias, planes o proyectos dentro del **ámbito público**, **profesional** o **académico**: textos literarios, cuadernos de viaje, *blogs*, artículos de revistas, periódicos, obras de teatro, cuentos, etc. La tarea consta de **un texto** con **seis párrafos incompletos** y **siete fragmentos.** Hay que **completar el texto** con seis de esos fragmentos. (Aquí te damos solo unos ejemplos).

TAREA 2

Lea el siguiente texto, del que se han extraído seis párrafos. A continuación lea los siete fragmentos propuestos (A-G) y decida en qué lugar del texto (7-12) hay que colocar cada uno de ellos. Hay un fragmento que no tiene que elegir.

Haciendo camino

De la Iglesia se pueden criticar muchas cosas. Pero que te dejen un sitio para dormir y te den de desayunar por la voluntad es para quitarse el sombrero en los tiempos que corren. Que todo sea dicho.

Hoy me he levantado en una habitación con más de 60 personas. Lo más parecido a una cuadra que he conocido jamás. **7.** ____________________. Así que con la oscuridad de la noche nos hemos puesto en marcha en busca de la Cruz de Ferro, el primer puerto de montaña del Camino. De aquí a Santiago será un tiovivo. Posiblemente, el más bello de nuestras vidas.

La ciudad de León recibe los primeros rayos del sol con bullicio en sus calles. **8.** ____________________.

Esta etapa tiene dos partes si hablamos del paisaje. Una primera, cercana a carreteras y donde todavía la planicie domina el Camino, y una segunda, a medida que te acercas a Astorga, completamente en la naturaleza donde el terreno se arruga y eleva buscando las montañas que acabarán entrando en Galicia.

Y como siempre, por el Camino, la amistad. **9.** ____________________. Eulalio me ha contado los estragos que la crisis está causando en el campo y las penurias que se les avecinan si esto no cambia rápido. Un ciclista que ha perdido su acreditación (sin ella no eres peregrino) ha visto cómo otro se la ha recogido y llevado 40 km más allá sellándosela en cada pueblo para que su olvido fuera una simple anécdota.

Adaptado de www.lamoradadelviajero.wordpress.com

FRAGMENTOS

a)

No solo la de mis nuevos amigos y compañeros de ruta, sino también la de esos anónimos peregrinos, o no, que hacen más humano este viaje.

b)

Y nosotros hemos sufrido la primera avería mecánica en forma de rotura de radios en la bici de David. Afortunadamente, los problemas en compañía son menos problemas...

c)

Se sentía el compañerismo. Se respiraba en el ambiente. Un ambiente solo roto por el frescor que entraba de la calle y que rozaba el cero en la escala Celsius.

d)

La gente que entra a trabajar, los uniformados niños que van al colegio y una multitud de peregrinos que ha elegido la capital para pernoctar y coger fuerzas ante la nueva jornada.

PISTAS

Cualquier texto bien escrito ha de estar mínimamente ordenado y con una transición clara entre las ideas o los temas que trate. Para ayudarnos, buscaremos fragmentos relacionados con el inmediatamente anterior o, en su defecto, fórmulas claras de transición de un tema a otro.

En este texto, para completar el punto **7.** debemos buscar un fragmento relacionado con lo que se dice de esa habitación y/o de las personas que allí están, por eso la opción correcta es la **c)** en la que se dice que «se sentía el compañerismo».

Para el punto **8.** conviene encontrar un párrafo que describa el ambiente en las calles de la ciudad. Por eso, la opción correcta es la **d)** «La gente que entra a trabajar, los uniformados niños que van al colegio», etc.

En relación al punto **9.** tendremos que buscar algo relacionado con la amistad para completar esa idea ya que de lo contrario sería demasiado escueta. Así, la opción adecuada es la **a)**.

El fragmento **b)** no iría en ninguna parte del texto. Podría, por su temática, formar parte del mismo, pero no encajaría en ninguno de estos huecos.

Tarea 3. Esta tarea consiste en **comprender** el **contenido** o **identificar** la **intención** o el **punto de vista** del autor del texto, captando actitudes y opiniones implícitas o explícitas en noticias, artículos o informes que tratan de **temas profesionales** o **académicos** (ensayos o monografías, artículos o reportajes de revistas especializadas, etc.). Se trata de textos especializados de extensión larga, de entre 550 y 650 palabras. La tarea consta de **seis ítems** de **selección múltiple** con tres opciones de respuesta. (Aquí te damos solo unos ejemplos).

TAREA 3

Lea el texto y responda a las preguntas (13-18). Seleccione la opción correcta (A, B o C).

Las lenguas indígenas de América

La mitad de las 1 500 lenguas y dialectos indígenas que existían a la llegada de los españoles a América ha ido desapareciendo a lo largo de los últimos cinco siglos, dijo hoy el vicedirector de la Academia Chilena de la Lengua, Gilberto Sánchez.

Sin embargo, al contrario de lo que ocurrió en el caso del inglés o del francés, muchas palabras amerindias quedaron definitivamente incorporadas como préstamos al léxico del idioma español, explicó, y aunque en las lenguas amerindias una palabra suele equivaler a una frase completa de un idioma europeo, su influencia no modificó la estructura morfológica del español estándar.

Esta incorporación se debió, probablemente, a que los conquistadores españoles se mezclaron con los pueblos originarios de América y esto dio lugar al mestizaje de razas, lenguas, culturas y creencias.

La mayor aportación de las lenguas indígenas al español se plasmó en una herencia léxica que refleja la visión del mundo que tenían los pueblos originarios. Un ejemplo de ello es el nombre de Chile que proviene de la palabra *chili*, (un pájaro parecido al tordo), que es una de las 70 palabras de la fauna autóctona que junto a otras (unas 115 relacionadas con la flora) procedentes de las lenguas aborígenes de este país se han integrado en el español. Según el profesor Sánchez, este hecho pone de manifiesto el carácter mestizo de América.

Las principales familias de las lenguas amerindias son arahuacana, caribe, mayas, yutoazteca, quechua, tupiguaraní y mapuche, explicó el profesor durante una conferencia sobre «El aporte de las lenguas indígenas al español».

A la familia arahuacana pertenecen 126 lenguas y dialectos que se hablan desde la península de Florida (EE. UU.) hasta la Patagonia (Argentina), entre las que figura el taíno, que proporcionó la primera palabra aborigen incorporada al español: *canoa*, junto con otras como *hamaca* y *guacamayo*.

Adaptado de www.takillakta.org

PREGUNTAS

13. Las palabras amerindias que han pasado al español:

a) Son solamente 170.

b) Son todas términos relativos a la fauna o flora de los países americanos.

c) Nos permiten conocer algo de la cosmoteoría de los pueblos indígenas.

14. A diferencia de lo sucedido con otras lenguas:

a) Los idiomas amerindios alteraron la estructura lingüística del español.

b) Muchos términos autóctonos forman hoy parte del vocabulario español.

c) El español se impuso e hizo que desaparecieran términos indígenas.

15. Hoy día solamente sobreviven:

a) Unas 126 lenguas y dialectos en todo el continente americano.

b) Las lenguas arahuacana, caribe, maya, yutoazteca, quechua, tupiguaraní y mapuche.

c) La mitad de los idiomas hablados en América antes de la conquista.

PISTAS

Para resolver esta tarea debes comprender, en primer lugar, el sentido general del texto, pero también prestar atención a los detalles y volver sobre el mismo para encontrar una información concreta.

En la pregunta 13, la opción **a)** es errónea, ya que se dice que permanecen vivas casi la mitad de las 1 500 lenguas que había, son muchas más de 170. La opción **b)** es falsa también, porque el texto dice que «la mayoría de las palabras -y no todas- han pasado al español procedentes de lenguas aborígenes de la zona de Chile», no de los países americanos. La opción **c)** es correcta. El propio texto indica que las palabras indígenas que han pasado al español suponen «una herencia léxica que refleja la visión del mundo que tenían los pueblos originarios».

En la pregunta 14, la opción **a)** es incorrecta, pues en el texto se dice claramente que «su influencia no modificó la estructura morfológica del español estándar», aparte de que la diferencia con el inglés y el francés es que estos idiomas no integraron tantas palabras indígenas en su vocabulario, pues no se mezclaron tanto con los nativos americanos. La opción **b)** es correcta, ya que en el caso del español se produjo un mestizaje y muchas palabras amerindias quedaron definitivamente incorporadas como préstamos al léxico del idioma español. La opción **c)** es falsa, porque en ningún caso se menciona que el español se impusiera y sí que han ido desapareciendo la mitad de los idiomas que había a la llegada de los españoles: no todos, ni mucho menos.

En la pregunta 15, la opción **a)** es falsa, ya que el número126 se refiere a las lenguas y dialectos pertenecientes a una de las familias lingüísticas: la arahuacana. La opción **b)** es igualmente incorrecta, porque las lenguas que se mencionan en esa opción son las principales familias de lenguas amerindias y no todas. La opción **c)** es correcta, ya que al comienzo del texto se dice expresamente que «la mitad de las 1 500 lenguas y dialectos indígenas que existían a la llegada de los españoles a América ha ido desapareciendo».

Tarea 4. En esta tarea hay que **encontrar información específica relevante** en **textos breves** que tratan de aspectos relacionados con el **mundo académico**. Los textos consisten en reseñas o resúmenes de ponencias, tesis o artículos de investigación, fichas bibliográficas, etc., de entre 100 y 150 palabras en los que se explica, se describe o se expone información detallada sobre temas del ámbito académico. La tarea consta de **ocho ítems** en los que el candidato debe **relacionar ocho enunciados** breves **con seis textos**. A algunos textos les corresponde más de un enunciado. (Aquí te damos solo unos ejemplos).

TAREA 4

A continuación tiene seis textos (A-F) y ocho enunciados (19-26). Léalos y elija la letra del texto que corresponde a cada enunciado. RECUERDE QUE HAY TEXTOS QUE DEBEN SER ELEGIDOS MÁS DE UNA VEZ.

a) Documentos e informes del Banco Mundial: Este sitio proporciona acceso a una colección de informes en su mayoría son textos completos que están reproducidos en copias obtenidas con escáneres. Hay más de 6 000 informes accesibles. Entre estos documentos se incluyen informes de evaluación de proyectos, informes económicos y de sectores, informes de evaluación y estudios, estudios de países y documentos de trabajo (incluidos los documentos de trabajo para la investigación de políticas). Para obtener una lista de los informes disponibles más recientes, haga clic en la opción «Introducir datos» para la búsqueda en la pantalla de búsqueda detallada «World Development Sources».
Tema: General. Región: General. Vínculo: http://www-wds.worldbank.org

b) Red de Información sobre Población de las Naciones Unidas (POPIN): POPIN coordina la divulgación de información gubernamental y no gubernamental, y además proporciona acceso a una extensa variedad de información y recursos de datos. Tiene una extensa biblioteca electrónica con vínculos a material bibliográfico, documentos de trabajo, revistas especializadas en línea e informes relacionados con todos los aspectos de la población y la demografía en todo el mundo. Hay una extensa sección de datos estadísticos que incluye el acceso a las ediciones recientes de World Population Prospects y cifras comparativas sobre las tendencias poblacionales y el envejecimiento de la población mundial. Se puede acceder también a un diccionario multilingüe de terminología sobre demografía y salud reproductiva, un directorio mundial de instituciones de población e información de la Conferencia internacional de población y desarrollo.
Tema: Demografía. Región: General. Vínculo: http://www.un.org/popin/

c) ELDIS: Sistema electrónico de información sobre desarrollo y medio ambiente. Es un portal con recursos relevantes para el estudio de temas sobre desarrollo y medio ambiente: catálogos de bibliotecas, bibliografías, proyectos de investigación, listas de correo electrónico y organizaciones relevantes para el sector. También hay vínculos directos a sitios de Internet y descripciones de archivos solo disponibles en papel. Es posible realizar búsquedas por palabra clave. También hay guías sobre más de 60 temas entre los que se incluyen la cuestión del género y la salud, la ayuda para el desarrollo, los programas de desarrollo y la crisis financiera asiática. También hay un índice por país con los principales proyectos en materia de desarrollo y vínculos a organismos clave como bancos de desarrollo y agencias de ayuda.
Tema: Medio ambiente, desarrollo humano general. Región: General. Vínculo: http://www.eldis.org

Adaptado de www.es.shvoong.com/books

ENUNCIADOS

19. En este sitio se puede acceder a documentos impresos en papel que han sido procesados como imágenes.	a)	b)	c)	d)	e)	f)
20. Algunos documentos no han sido digitalizados, pero se referencian y resumen en este sitio.	a)	b)	c)	d)	e)	f)
21. Puede encontrar un tema concreto escribiendo la palabra significativa en el espacio creado con ese fin.	a)	b)	c)	d)	e)	f)
22. El sitio facilita la búsqueda de documentos según su fecha de publicación.	a)	b)	c)	d)	e)	f)

PISTAS

El enunciado 19 se corresponde con el texto **a)**, pues dice que la mayoría de los textos completos de estos informes están reproducidos en copias obtenidas con escáneres.

El enunciado 20 corresponde al texto **c)**, pues se dice que en este sitio hay también descripciones de archivos solo disponibles en papel.

El enunciado 21 se corresponde de nuevo con el texto **c)**, ya que afirma que es posible realizar búsquedas por palabra clave.

El enunciado 22 corresponde de nuevo al texto **a)**, pues indica que hay una pantalla de búsqueda detallada donde introducir datos y poder así obtener una lista de los informes disponibles más recientes. En ningún otro texto se menciona la posibilidad de búsqueda para obtener resultados ordenados cronológicamente.

Tarea 5. En esta tarea hay que **identificar** las **estructuras** y el **léxico** apropiados para un texto largo, entre 375 y 425 palabras, **de repertorio lingüístico complejo** (extractos de revistas, libros de texto y periódicos especializados) perteneciente a los **ámbitos profesional** o **académico**. La tarea consiste en **completar** los catorce **huecos** de un texto con una de las **tres opciones** que se proponen. (Aquí te damos un ejemplo más breve, con 4 opciones).

TAREA 5

Lea el texto y rellene los huecos (27-40) con la opción correcta (A, B o C).

DEJAR CAER A EUROPA REPERCUTIRÍA EN EE. UU.

La directora gerente del Fondo Monetario Internacional (FMI), Christine Lagarde, ha asegurado que el hecho de permitir la caída de Europa tendría enormes consecuencias en EE. UU. debido al fuerte vínculo existente entre los bancos de aquel país y los europeos.

«Dejar caer a Europa tendría consecuencias enormes y negativas sobre otras economías, incluida la de EE. UU. El veinte por ____**27**____ de las exportaciones de EE. UU. van a Europa. Y existe un muy fuerte vínculo entre los bancos estadounidenses y los europeos», afirmó Lagarde en una entrevista en la ____**28**____ televisiva CBS.

La directora del FMI, que sustituyó a su compatriota Dominique Strauss-Kahn el ____**29**____ mes de julio y se convirtió en la primera mujer ____**30**____ de la institución financiera en sus más de seis décadas de historia, en un momento de turbulencias financieras en Europa agregó, además, que: «Los mercados necesitan con urgencia un cierto grado de certeza».

Por último, restó importancia a los rumores que la sitúan como futura candidata a la presidencia de Francia.

Adaptado de www.elmundo.es

Opciones

27.	**a)** cien	**b)** ciento	**c)** cientos
28.	**a)** cadena	**b)** canal	**c)** emisión
29.	**a)** anterior	**b)** siguiente	**c)** pasado
30.	**a)** al frente	**b)** frente	**c)** enfrente

PISTAS

En el número 1, la opción correcta es la **b)**, pues la fórmula para expresar porcentaje es *por ciento*. De ahí también que la opción **a)** sea incorrecta. La **c)** no es correcta porque *cientos* va seguida de la preposición *de* + sustantivo en plural.

En el número 2, la opción correcta es la **a)**, puesto que necesitamos un sustantivo femenino. La opción **c)** está formada por un sustantivo femenino, pero no es correcta por el contexto, pues entendemos que se refiere a una cadena de televisión y no a un programa. La opción **b)** no es correcta porque el sustantivo es masculino.

En el número 3, la opción **b)** no es correcta, porque el texto está en pasado y *siguiente* se refiere al futuro. Tampoco es correcta la opción **a)**, porque si usamos el término *anterior*, sería con referencia a otro punto en el pasado, cosa que no ocurre en este contexto. Por ello, la única opción correcta posible es la **c)**.

En el número 4, la elección de la opción correcta viene dada tanto por el contexto como por la sintaxis. La opción **c)** se descarta por el contexto, pues *enfrente* significa situación opuesta, mientras que aquí necesitamos una expresión que signifique *hacerse cargo de algo*. Por motivos sintácticos descartamos también la opción **b)**, pues *frente* iría seguido de la preposición *a* y no *de*. Por ello, la opción correcta es la **a)**.

PRUEBA 2

Comprensión auditiva y uso de la lengua

Esta prueba consta de **cuatro tareas** y un total de **30 ítems** de diferente tipología. Tienes **50 minutos** para realizar toda la prueba. Los textos se oyen dos veces durante el examen.

Tarea 1. Se trata de **comprender** los **puntos principales** y **extraer datos específicos** de un texto. Los textos pueden ser conferencias, discursos, presentaciones o noticias de extensión media (4 min aprox.) en los que se exponen, argumentan y describen o narran ideas, teorías, experiencias o proyectos relacionados con el **ámbito académico**. La tarea consiste en **completar** con palabras o fragmentos preseleccionados (hay un total de doce opciones) **seis anotaciones** que recogen el contenido de los textos. Dispones de **un minuto** para **leer las anotaciones**. (Aquí te damos solo unos ejemplos).

CD II
Pista 16

TAREA 1

Usted va a escuchar una conferencia en la que se tomaron las siguientes anotaciones. Luego deberá elegir para cada anotación (1-6) la palabra o fragmento de frase correspondiente entre las doce opciones que aparecen debajo (A-L). Escuchará la audición dos veces. Dispone de 1 min para leer las anotaciones.

ANOTACIONES

1. Además del aumento de la pobreza y la sequía, entre las consecuencias del cambio climático están las inundaciones, la contaminación y ____ **d** ____ .
2. ____ **b**____ y la producción de cal para sus pirámides obligaron a los mayas a abandonar sus tierras.
3. Uno de los factores que hace de Centroamérica una zona vulnerable al cambio climático es ____ **a**____ de la agricultura.

a) la fuerte dependencia
b) la deforestación
c) el consumo desmedido
d) el derretimiento de glaciares
e) la civilización maya
f) la sequía

P I S T A S

Las preguntas están basadas en párrafos y frases que aparecen en el texto, y se presentan de manera más sintética. La clave, pues, se encuentra en localizar esas frases en el texto y seleccionar de la lista de opciones el elemento para completarlas. Los elementos suelen ser sustantivos o grupos de sustantivo más adjetivo. Pueden aparecer con o sin artículo. A veces nos podemos valer de criterios sintácticos para elegir la opción correcta. Por ejemplo, para la pregunta 2, necesitamos una palabra o grupo de palabras que pueda ir seguido de la preposición *a*, pues la frase continúa: «al deterioro medioambiental». En este caso, solo *tendencia* podría ser correcta.

Tarea 2. Se trata de **reconocer detalles específicos** o **sentimientos**, **actitudes** e **intenciones** relevantes en **cuatro conversaciones** transaccionales e **informales breves** sobre intercambios de puntos de vista, temas abstractos y complejos, adquisición de bienes y servicios, negociaciones de interés general, etc. Las conversaciones tienen lugar entre dos personas (hombre y mujer), pueden ser cara a cara o telefónicas y tienen una extensión media (1 min 30 s aprox.). La tarea consta de **ocho ítems** de **selección múltiple** con tres opciones de respuesta. (Aquí te damos solo un ejemplo).

CD II
Pista 17

TAREA 2

Usted va a escuchar cuatro conversaciones. Escuchará cada conversación dos veces. Después debe contestar a las preguntas (7-14). Seleccione la opción correcta (A, B o C).

PREGUNTAS

CONVERSACIÓN 1

7. El hombre piensa que el alojamiento:
- **a)** Es poco adecuado a sus necesidades.
- **b)** Se adapta a lo que buscan.
- **c)** No es lo que necesita.

8. El alojamiento ofrece:
- **a)** Servicios propios de un alojamiento rural.
- **b)** Actividades conjuntas para todos.
- **c)** Servicios diferentes a adultos y niños.

P I S T A S

Para esta tarea es importante distinguir bien la información que aporta cada interlocutor, pues las preguntas suelen estar formuladas como «el hombre dice», «la mujer opina», etc. Además, para que una opción sea correcta, debe serlo toda la información que aparece en ella, no solo una parte.

En la pregunta 7, la opción correcta es la **b)** y se obtiene por deducción, a partir de las respuestas del cliente: «Genial; Vaya, eso suena bien», etc.

En la pregunta 8, la opción correcta es la **c)**, pues la mujer especifica el tipo de actividades que organizan para los niños cuando dice: «Contamos con un equipo de monitores que programan actividades diarias para los más jovencitos: paseos a caballo, tiro con arco, escalada, talleres, juegos», etc.

Tarea 3. En esta tarea hay que **captar la idea principal** de lo que se dice, **extraer información concreta** y **detallada** y deducir las posibles implicaciones del entrevistado. Los textos consisten en entrevistas o debates de radio o televisión de extensión larga (4 min aprox.) en los que se expone, describe o argumenta sobre temas de **ámbito público** y **profesional**: transporte, trabajo, política, sociedad, economía, etc. La tarea consta de **seis ítems** de **selección múltiple** con tres opciones de respuesta. (Aquí te damos solo unos ejemplos).

CD II
Pista 18

TAREA 3

Usted va a escuchar una entrevista. Después debe contestar a las preguntas (15-20). Seleccione la opción correcta (A, B o C). Escuchará la entrevista dos veces.

PREGUNTAS

15. Juan Rulfo se formó como escritor:
- **a)** En la universidad.
- **b)** A base de leer libros diversos.
- **c)** Tratando de definir sus gustos.

16. El escritor declara que:
- **a)** De joven lo influenció mucho un escritor nórdico.
- **b)** La realidad del mundo nórdico era muy dura.
- **c)** Admira la intensidad del escritor Knut Hamsun.

17. Para el autor, Pedro Páramo:
- **a)** Es el verdadero protagonista de su novela.
- **b)** Intenta regresar continuamente a la tierra.
- **c)** Es un difunto más de su novela.

PISTAS

Normalmente las preguntas aparecen en el mismo orden en el que aparece la información de la conversación. Es bueno haber leído las preguntas antes de empezar a escuchar la conversación, y así, señalar la opción correcta en el momento de oírla.

En la pregunta 15, la opción **a)** no es correcta, porque en la conversación se dice que la formación «no fue formal sino arbitraria», y no se menciona la universidad. La opción **b)** es la correcta, porque el escritor dice que se formó a través de «lecturas no sistemáticas sino de cuanta cosa me caía en las manos». La opción **c)** no es correcta. El escritor también dice que «no hubo [...] una búsqueda de algo que gustara».

En la pregunta 16, la opción **a)** es la correcta, porque el escritor dice de Knut Hamsun que lo descubrió *a una temprana edad* y que le impresionó mucho. La opción **b)** no es correcta, pues la realidad dura no era la del mundo nórdico, sino la de su país, México, de la cual dice «tan duro y tan cortante como era el ambiente en que uno (él) vivía». La opción **c)** no es correcta, porque aunque se dejó influir por este autor, no habla de intensidad por lo tanto no es correcta toda la afirmación.

En la pregunta 17, la opción **a)** no es correcta, porque según el escritor, se trata de una novela en que el personaje central es el pueblo. La opción **b)** no es correcta, porque aunque se menciona en la entrevista que las ánimas de los pecadores intentan volver a la tierra, no alude concretamente al protagonista y tampoco es algo que intente hacer continuamente. La opción **c)** es la correcta, porque en la entrevista el autor declara que en el pueblo «todos los personajes están muertos, y aun quien narra está muerto».

Tarea 4. En esta tarea hay que **captar connotaciones pragmáticas** y **sociolingüísticas** (intención, estados de ánimo, relación entre los hablantes, etc.) en una serie de **microdiálogos** (1 min aprox.) contextualizados que tratan de temas relacionados con el **ámbito personal, público, educativo** o **profesional**. La tarea consta de **diez ítems** de **selección múltiple** con tres opciones de respuesta. (Aquí te damos solo unos ejemplos).

CD II
Pista 19

TAREA 4

Usted va a escuchar diez breves diálogos. Escuchará cada diálogo dos veces. Después debe contestar a las preguntas (21-30). Seleccione la opción correcta (A, B o C).

PREGUNTAS

21. El hermano:
- **a)** Pide más detalles sobre la fiesta.
- **b)** Acepta dejarle el coche.
- **c)** Reprueba a su hermana.

22. Sobre la película, María opina que:
- **a)** No vale la pena.
- **b)** Está muy bien hecha.
- **c)** La música es estupenda.

23. La respuesta da a entender que:
- **a)** Hay cierta tensión entre las dos personas.
- **b)** Mario no sabe nadar.
- **c)** Las dos personas están de acuerdo.

PISTAS

En el diálogo 21, la opción **a)** no es correcta, porque es la hermana la que da algunos detalles, pero el hermano no los pide. La opción **b)** tampoco es correcta, porque la respuesta del hermano denota negatividad cuando dice «¿Otra vez?» La opción **c)** es la correcta, porque la expresión «tú de qué vas» denota que el hermano no aprueba o da por mala la actitud de su hermana.

En el diálogo 22, las opciones **a)** y **b)** no son correctas porque son verdad en parte, y para que la opción sea correcta debe ser verdad en su totalidad. «Flojilla» denota que no le ha gustado mucho, pero sí la banda sonora, así, la opción correcta es la **c)**, porque en el diálogo dice que la banda sonora «se sale», esto significa que es muy buena.

En el diálogo 23, la opción correcta es la **a)**, porque Mario reacciona ante la petición de María en modo brusco cuando dice «no pienso...». La opción **b)** no es correcta porque «me estoy ahogando», en este contexto, se usa para expresar que alguien simplemente siente calor. La opción **c)** tampoco es correcta porque Mario no accede a encender la calefacción ante la petición indirecta de la mujer.

PRUEBA 3

C. auditiva y expresión e interacción escritas

Esta prueba se denomina «Destrezas integradas: comprensión auditiva y expresión e interacción escritas», porque hay que combinar todas estas destrezas, consta de **dos tareas**. Tienes **80 minutos** para hacer toda la prueba.

Tarea 1. Se trata de **comprender** los **puntos principales** de un **texto oral** (una conferencia, presentación o discurso) relacionado con los **ámbitos público, profesional** o **académico**) y después **redactar** un **texto argumentativo** o **expositivo** (entre 220 y 250 palabras) defendiendo o rebatiendo lo más clara y detalladamente posible las ideas del texto oral.

CD II
Pista 20

TAREA 1

A continuación escuchará la primera parte de una conferencia sobre la literatura escrita por mujeres. La escuchará dos veces. Durante la audición podrá tomar notas. Después, redactará una argumentación en la que deberá recoger los puntos principales y expresar de forma justificada su punto de vista.

PISTAS

Para realizar esta prueba debes captar las principales ideas que se expresan en la conferencia. En este caso se tratan temas como las diferencias -innatas o adquiridas- entre hombres y mujeres, las mujeres escritoras y las mujeres lectoras, la importancia de los sentimientos y la represión de los mismos en nuestra sociedad. No se trata de hacer un resumen, sino de argumentar y justificar tu opinión sobre lo expuesto por lo que puedes ir reformulando las opiniones vertidas en la conferencia y añadir tu punto de vista a continuación, bien corroborando, bien matizando o incluso mostrando desacuerdo.

EJEMPLO

A Espido Freire le molesta que se utilice el término *literatura femenina* con un matiz despectivo. Tiene razón cuando se refiere a los prejuicios que existen en nuestra sociedad hacia las mujeres y, por extensión, hacia la literatura escrita por mujeres: muchos piensan que las mujeres son diferentes de los hombres y tienen un sentimentalismo enfermizo cuando lo enfermizo es cómo se les enseña a los hombres a reprimir sus emociones ya desde la infancia.

La autora nos recuerda que la mayoría de lectores de literatura son mujeres, pero hay muchos tipos de literatura aparte de las llamadas *novelas rosa*. Según Espido, eso significa que las mujeres dedican más tiempo a cultivar sus sentimientos y estoy completamente de acuerdo con ella en que para enriquecernos como seres humanos debemos prestar atención también a esta esfera.

En nuestra sociedad se intentan imponer una serie de valores que no son siempre positivos. Así, a los niños se les educa ya desde pequeños para no mostrar nunca sus emociones. Esto es injusto pues los sentimientos son propios del género humano y no solo del sexo femenino. Un ejemplo extremo es aquel hombre que no llora ni siquiera en el entierro de un ser querido porque le da vergüenza hacerlo en público.

Por supuesto, también hay hombres que leen literatura, pero suelen tener otras preferencias y leen otro tipo de obras, como biografías o novelas históricas, aunque es posible que ello se deba a la educación que han recibido. (242 palabras)

Tarea 2. Se trata de **redactar** un **texto formal** (argumentativo o epistolar) con el fin de persuadir, argumentar, valorar u opinar sobre algo. El texto debe tener entre 220 y 250 palabras y en él hay que exponer los diferentes argumentos de manera clara, detallada y bien estructurada respetando las convenciones y los rasgos del género especificado.
Hay que elegir entre dos opciones:
a. Redactar una reseña, un informe o un artículo de revista.
b. Redactar una carta de reclamación, de solicitud de una beca o de recomendación.
Dispones de información sobre el contenido del **texto de salida**, que estará relacionado con los **ámbitos público**, **académico** o **profesional**, y con un estímulo escrito: anuncios de prensa, instrucciones o breves resúmenes de un artículo de opinión, que te ayudarán a contextualizar tu propio texto.

TAREA 2

Elija solo una de las dos opciones que se le ofrecen a continuación.
Número de palabras: entre 220 y 250.

Opción 1

Usted es muy aficionado a la escritura y ha visto el siguiente anuncio en una revista cultural.

Curso/taller de escritura creativa para nuevos talentos
- Destinado a nuevos escritores que desean mejorar su capacidad de escritura con estrategias y técnicas actuales.
- Grupos máximos de 20 personas.
- Casi 4 años de experiencia nos permiten garantizar un servicio profesional de enseñanza.

Nota: Publicaremos un libro con los trabajos de los participantes.
Si desea optar a una de las 5 becas que ofrecemos, envíenos por correo certificado: Dos (2) cuentos (extensión máx. dos cuartillas cada uno y por una sola cara, escritos en letra Arial 12 a espacio y medio y de temática libre). Carta de presentación, especificando estudios.

Contacto, notas de prensa y demás información en www.culturacr.net

Escriba un breve texto para la revista de la universidad en el que:
- Hable del hecho de escribir.
- Describa el anuncio que ha visto.
- Aplauda la iniciativa de culturacr.net.
- Anime a los lectores a participar en el taller.

Queridos lectores:

Me gustaría escribir sobre una nueva iniciativa propuesta por Culturacr. Se trata de un taller que sé que a muchos de vosotros os va a interesar. Todos sabemos que la escritura forma parte de nuestras vidas, especialmente si somos estudiantes, pero no todo es redactar trabajos para las clases y seminarios. Hay un tipo de escritura mucho más gratificante a la que me consta que muchos de vosotros sois aficionados: la escritura creativa.

Escribir por puro placer, sin ninguna intención profesional ni económica, es una actividad que nos libera de las tensiones, nos hace reflexionar sobre nuestras propias emociones y ejercita nuestra inteligencia. Con todo, ¿cuántas veces no habremos dejado un relato o un poema a medias porque nos falta el incentivo de que va a ser publicado y lo leerán otras personas?

Ahora tenemos la oportunidad de participar en el taller de escritura que abre sus puertas en nuestra ciudad. A través de él no solo mejoraremos nuestros recursos expresivos sino que además entraremos en contacto con otras personas que comparten nuestra afición, podremos compartir ideas y experiencias y ampliaremos así nuestro círculo de relaciones sociales más allá del limitado espacio de nuestra facultad o escuela.

Todos hemos oído aquella máxima, atribuida al político y escritor cubano José Martí, de que «un hombre (o una mujer, añadiría yo), para ser completo, ha de plantar un árbol, tener un hijo y escribir un libro»... Pues bien, los organizadores del taller van a publicar un libro con relatos de los participantes en el mismo cuando este finalice. ¡Animaos! Allí os esperamos.

(250 palabras)

Opción 2

Usted es profesor universitario y uno de sus alumnos le ha pedido una carta de recomendación para poder optar a una de las becas del anuncio de la Opción 1. Redacte una carta donde:

- Se presente.
- Hable de los méritos de su alumno y los motivos por los que considera que puede ser elegido.
- Se despida expresando su agradecimiento.

Valladolid, 21 de noviembre de 2011

A quien corresponda:

Mi nombre es Fernando Bosque, profesor de Literatura Española en la Facultad de Filología Hispánica de la Universidad de Valladolid. El motivo de la presente es recomendar a Juan López García para una de las becas que generosamente ofrecen para el curso de literatura creativa para nuevos talentos que se va a celebrar en nuestra ciudad.

Actualmente Juan López está cursando el último año de la carrera y es alumno mío en la asignatura de Literatura Española II. Su expediente académico es extraordinario y puedo asegurarles que tiene un don innato y una inclinación hacia la escritura que merece la pena apoyar. El propio Juan me ha informado de los concursos en los que ha participado y las menciones obtenidas, pero ya había llamado mi atención por la originalidad e intachable prosa de los escritos que publica en la revista semestral de los estudiantes de nuestra facultad que tengo el agrado de dirigir.

En mi opinión y por lo anteriormente expuesto, considero que Juan López reúne todas las características que piden para poder optar a una beca y estoy seguro de que no quedarán defraudados de su rendimiento durante el curso.

Para cualquier información que pudieran necesitar pueden llamarme al teléfono del Departamento de Literatura Española (9832323).

Quedo a su disposición y les saludo atentamente, agradeciéndoles la atención recibida.

F. Bosque

Dpto. Literatura Comparada

PRUEBA 4

C. de lectura y expresión e interacción orales

Esta prueba se denomina «Destrezas integradas: comprensión de lectura y expresión e interacción orales» y, al igual que en la prueba 3, hay que combinar estas destrezas. Consta de **tres tareas**. Dispones de **20 minutos** para preparar las tareas 1 y 2. La tarea 3 no tiene preparación previa. Hay **20 minutos** para hacer **toda la prueba**.

Tarea 1: La tarea consiste en **comprender** la **información fundamental** y **relevante** de **textos** escritos **extensos** y complejos de aproximadamente 800 palabras pertenecientes al **ámbito académico, profesional** o **público** y resumirlos y valorarlos de forma oral. Sobre estos textos hay que hacer un **monólogo breve** (entre 3 y 5 minutos) preparado previamente **a partir del texto escrito**. (Aquí te damos un breve ejemplo).

TAREA 1

Usted debe hacer una presentación oral sobre el texto adjunto. Su exposición debe incluir los siguientes puntos:

- *Tema central.*
- *Ideas principales y secundarias.*
- *Comentario sobre ideas principales.*
- *Intención del autor si procede.*

Dispone de entre tres y cinco minutos. Puede tomar notas y consultarlas, pero la presentación no puede limitarse a una lectura de las mismas.

Seremos más transparentes en un mundo más opaco

Las cosas son ahora más visibles que antaño. Comparen la visita a una biblioteca gótica para leer un solo libro propiedad de no sé quién con el acoso en las pantallas de los móviles, las ocurrencias de los fans en los *blogs* y no digamos lo que nos cuenta la televisión durante todas las horas del día. Acabo de ver un vídeo de un niño de ocho meses que ha aprendido a pulsar con su su índice para ver pasar un dibujo tras otro en la pantalla digital táctil del iPad que le dejó su padre; el mismo niño tiraba literalmente al vacío una revista después de haber apretado inútilmente con el índice la página elegida para que le salieran otras.

La mayor flexibilidad de los soportes tecnológicos permite visualizar lo que viene con menores márgenes de error que en el pasado. Estos cambios afectarán a la vida cotidiana y el ánimo de la gente, sus resortes y apoyos artificiales como las nuevas formas de vida, el volumen y perfil de la construcción, la participación presencial y, por supuesto, la naturaleza de los Estados que velarán por la gestión adecuada de los excedentes generados.

No es difícil predecir, por ejemplo, que se agotará el carbón y las demás fuentes fósiles de energía, como el petróleo o el gas, en los próximos cien años. En el campo de la energía será muy difícil empecinarse en la continuidad del actual despropósito; no es imposible elucubrar cambios radicales en los medios de transporte. ¿Quién seguirá creyéndose que es posible mantener en el futuro un sistema que para transportar a una sola persona que pese de promedio setenta kilos recurra a un carromato que pesa más de dos mil quinientos kilos?

A la luz de lo que está ocurriendo con la estructura del Estado y el número de funcionarios en continuo aumento, no es previsible que disminuya su poder. A cien años vista y quizá muchos más, el poder del Estado seguirá aumentando sin ninguna duda y el sentido de desprotección ciudadana, exacerbándose. Tampoco aumentará el bienestar de los que vivan en las grandes ciudades; el desorden imperante irá en aumento, la inseguridad se irá extendiendo y las comunicaciones serán cada vez más difíciles por el encarecimiento del transporte.

Lugares de moda, como Las Vegas, estarán demasiado lejos de cualquier sitio y, por lo tanto, perderán gradualmente su atractivo. Barriadas enteras, como los suburbios dormitorio, también perderán su ya escaso valor. Nadie querrá pagar más por el transporte a la ciudad refugio que lo que abona como alquiler.

En cuanto a los ciudadanos, los sociólogos hablan ya de la «desaparición del cuerpo», en el sentido de que la huida de la realidad se concretará todavía más en una mayor ausencia de la vida presencial y un contacto casi exclusivo recurriendo a las redes sociales. La comunicación ya no es por carta –que han desaparecido– y se efectúa cada día más por *e-mail* o apoyada por medios tecnológicos.

¿Cuál será el sello de la comunicación digital? Para imaginárselo, basta con comparar este tipo de comunicación con el soporte utilizado hasta ahora, el papel; o con la memoria humana, extremadamente imprecisa, como están poniendo de manifiesto los últimos experimentos; o comparar las tarjetas de crédito con el dinero contante y sonante.

En definitiva, se habrá aumentado la transparencia. Seremos más transparentes a los demás, pero, al mismo tiempo, el mundo también será más opaco e incomprensible para el individuo. Desapareció para siempre la privacidad a la que estábamos acostumbrados y, poco a poco, tendremos que ir habituándonos a formar parte de muchas más comunidades ajenas y desconocidas.

Extraído de www.eduardpunset.es

PISTAS

Durante el tiempo de preparación de esta tarea podrás preparar un guion con notas de apoyo para la exposición de tema. Recuerda que es para apoyarte, pero no podrás leerlo, pues se trata de una exposición oral, y tendrás que mirar al examinador al hacerlo. Por ello es importante que lo prepares como un esquema de las ideas que vas a exponer. El guion no es una redacción, recuerda que tienes únicamente 20 minutos. Lo importante es leer el texto con atención y tomar notas siguiendo el esquema: tema principal, ideas secundarias, etc. Esto te ayudará a tenerlo claro en la exposición.

En primer lugar debes extraer la idea principal del texto. Tras una lectura global verás que, en este caso, la idea aparece ya en el título, y además en el último párrafo. Te puedes basar en esto para extraerla. A continuación, las ideas secundarias, siempre de manera resumida, dan varios ejemplos del texto que apoyen esta idea, ¿por qué el mundo será más opaco? Por agotamiento de las fuentes de energía, por la desprotección ciudadana, el malestar de los ciudadanos, etc. Por último, y como es un texto de opinión, explica la intención del autor que en este caso puede ser de reflexión sobre lo contradictorio que puede ser un mundo en el que todo está al alcance, pero que al mismo tiempo se convierte en algo oscuro y lejano. Atención: no debes dar tu opinión en esta tarea, pues esto corresponde a la tarea 2.

Tarea 2. Esta tarea consiste en participar en un **debate formal** (entre 4 y 6 minutos) **sobre** el monólogo de **la tarea 1**. El debate será con el entrevistador que hará una serie de preguntas e intervenciones que debes contestar argumentando tu postura y respondiendo de manera fluida.

Tarea 3: En esta tarea hay que **intercambiar ideas, expresar opiniones** y justificarlas o **hacer valoraciones** con la intención de **llegar a un acuerdo con el interlocutor**. La tarea consiste en mantener **una conversación** (entre cuatro y seis minutos) de **ámbito académico, profesional** o **público** con el entrevistador. Para ello dispones de una lámina con una contextualización de la tarea y material con diferentes aspectos sobre un mismo tema, indicaciones sobre el asunto en el que hay que ponerse de acuerdo, etc.

Usted participa habitualmente en un foro sobre temas actuales. El tema que se está debatiendo en estos momentos está relacionado con la vida en el futuro. Hable con uno de los foreros (entrevistador) sobre estas cuestiones relacionadas con el tema:
- las relaciones humanas
- la seguridad ciudadana
- la urbanización
y discuta con el entrevistador.
Elija una de las fotos que le ofrecemos a continuación para colgar en el foro teniendo en cuenta que deberá ser representativa de las ideas que ha discutido con su interlocutor.

PISTAS

Recuerda que se trata de una conversación abierta y que por tanto puedes interrumpir a tu interlocutor, discrepar, pedir y dar aclaraciones, argumentar tus opiniones rebatir las del entrevistador, etc.

La duración será de entre cuatro y seis minutos.

La tarea 3 no tiene preparación previa. No has visto antes las fotos, por lo que es importante que leas con atención las instrucciones para entender bien todo lo que se te pide. A continuación, observa las fotos y piensa en si cumplen o no con los requisitos que se te dan. Elige la foto que crees que cumple con más requisitos, y explica por qué la has elegido, argumentando y dando ejemplos. A continuación, probablemente el entrevistador defienda otra foto. Discute con él argumentando por qué crees que es mejor la que tú has elegido. Puede que al final elijáis una tercera foto. No se trata de ganar un concurso, sino de debatir con argumentos. El entrevistador podría convencerte o bien tú a él, lo que se valora en esta tarea es la capacidad de argumentación, no quién gana en la discusión.

PRUEBA 2 Y 3

Comprensión auditiva

Cada tarea está grabada una sola vez. Recuerde que para oírlas dos veces tendrá que volver a pulsar la pista correspondiente.

CD I	**Pista 1**	Examen 1	Prueba 2	**Tarea 1**
	Pista 2	Examen 1	"	**Tarea 2**
	Pista 3	Examen 1	"	**Tarea 3**
	Pista 4	Examen 1	"	**Tarea 4**
	Pista 5	Examen 1	Prueba 3	**Tarea 1**
	Pista 6	Examen 2	Prueba 2	**Tarea 1**
	Pista 7	Examen 2	"	**Tarea 2**
	Pista 8	Examen 2	"	**Tarea 3**
	Pista 9	Examen 2	"	**Tarea 4**
	Pista 10	Examen 2	Prueba 3	**Tarea 1**
	Pista 11	Examen 3	Prueba 2	**Tarea 1**
	Pista 12	Examen 3	"	**Tarea 2**
	Pista 13	Examen 3	"	**Tarea 3**
	Pista 14	Examen 3	"	**Tarea 4**
CD II	**Pista 15**	Examen 3	Prueba 3	**Tarea 1**
	Pista 1	Examen 4	Prueba 2	**Tarea 1**
	Pista 2	Examen 4	"	**Tarea 2**
	Pista 3	Examen 4	"	**Tarea 3**
	Pista 4	Examen 4	"	**Tarea 4**
	Pista 5	Examen 4	Prueba 3	**Tarea 1**
	Pista 6	Examen 5	Prueba 2	**Tarea 1**
	Pista 7	Examen 5	"	**Tarea 2**
	Pista 8	Examen 5	"	**Tarea 3**
	Pista 9	Examen 5	"	**Tarea 4**
	Pista 10	Examen 5	Prueba 3	**Tarea 1**
	Pista 11	Examen 6	Prueba 2	**Tarea 1**
	Pista 12	Examen 6	"	**Tarea 2**
	Pista 13	Examen 6	"	**Tarea 3**
	Pista 14	Examen 6	"	**Tarea 4**
	Pista 15	Examen 6	Prueba 3	**Tarea 1**
	Pista 16	Pautas	Prueba 2	**Tarea 1**
	Pista 17	Pautas	"	**Tarea 2**
	Pista 18	Pautas	"	**Tarea 3**
	Pista 19	Pautas	"	**Tarea 4**
	Pista 20	Pautas	Prueba 3	**Tarea 1**